実話怪談
花筐

鈴木 捧

竹書房
怪談
文庫

目次

※本書に登場する人物名は、様々な事情を考慮してすべて仮名にしてあります。また、作中に登場する体験者の記憶と体験当時の世相を鑑み、極力当時の様相を再現するよう心がけています。現代においては若干耳慣れない言葉・表記が登場する場合がありますが、これらは差別・侮蔑を意図する考えに基づくものではありません。

登山の思い出

旅行代理店のスタッフとして働くNさんは、昨年実家に帰ったときに、お父さんからこんな話を聞いた。

二十年以上前の初夏の週末、お父さんは幼いNさんを連れて、K県北部のある山に登山に出かけた。

その山は連峰になっていて、いくつもの登山コースがある。

ハイキングの延長の初級者コースから、本格的な装備の必要となる上級者コースまで。

Nさん親子が登ったのはその中でも最も簡単なコース。

ある程度の高さまで車で行き、一時間ほど歩けば山頂の展望台に達するというものだ。

展望台に到着するとコイン式の双眼鏡が四つ並べて設置してある。

一昔前の観光地などではよく見られた、百円玉硬貨を入れると数分間覗けるようになる、というものだ。

Nさんにねだられたので、お父さんはそのうちのひとつに百円玉を一枚入れて覗かせてあげたという。

しばらく双眼鏡を旋回させながら覗いていて、それが対面に見える険しい峰の方向を向いたときだ。

Nさんが大きく手を振り出した。

お父さんが「どうした？　何が見えるの？」と聞くと、Nさんは、「人がいる」と答えたという。

「こっちに手を振ってるよ」、と。

そうか、良かったな――と言いかけて、気付いた。こちらは双眼鏡から覗いているが、覗かれている側からそれが分かるはずがない。向こうの斜面までは数百メートルの距離がある。


「ちょっとお父さんにも見せてくれ」

双眼鏡を覗き込むと、崖のような斜面を下った先に沢が見えた。

大きな岩がいくつも転がっていて、その間を急流が流れている。

その中に、幅三メートルほどの平べったい岩がある。

双眼鏡が向いていたのは、まさにそこだ。


確かに人がいた。五十代くらいの男性に見える。

ただし、手を振ってなどはいなかった。


その男性の手足は壊れた人形のように折れ曲がり、岩肌に仰向けに倒れたまま、無表情な顔が天を仰いでいるのだった。

山を下りてすぐに通報すると、難度の高い登山コースから外れて滑落した遭難者がいて数日前から見つかっておらず、捜索していたという話を聞いたそうだ。

旅番組

今から十年近く前の年、八月に入って間もない頃、Ｙさんという男性が体験した話だ。

寝苦しく、日が昇るすこし前くらいの時間に目が覚めてしまい、なんとなくテレビを点けた。

旅番組をやっている。

タレントだろうか、知らない中高年の男女二人が、戦国時代の史跡やら、大きな池のある公園やらを巡っていく。

何の変哲もない、旅番組そのものといった内容だ。

ただ、奇妙なことがひとつあった。

二人のすぐ後ろから、パーマが伸び切ったような髪形の陰気な女がついてきている。

季節にそぐわない春物のコートは薄汚れていて、うつむいているので顔は見えない。言葉を発することもない。

二人は女のことを意に介さず、食事をしたり、伝統工芸品を買ったりしている。

やがて時間が夜になり、二人と女は夜の住宅街を歩いている。

二人はその日にあったことを振り返って会話をしているようだ。そうして三分ほど歩いていたかと思うと、一戸建ての家の門前で立ち止まった。

明かりは点いておらず、錆びた鉄製の門とその向こうの玄関だけが辛うじて見える。

男性タレントのほうが、ああ、ここですね、と言う。

横に並んだ女性タレントが、表札を見ながら続けて言う。

ええ。

ここが、殺人のあった家です。

番組はそこで終わって、助けを求める心の声に耳を傾けてください、という、なんだか分からない非営利団体の同じＣＭが三度立て続けに流れ、次いでテレホンショッピングの番組が始まった。

そのとき見たものが何だったのか、Ｙさんは未だに分からないという。

蜂柱

小学校五年の夏、Ｋさんがいたクラスは、蜂に悩まされていた。

授業中、頻繁にスズメバチが教室に入ってくる。

その度に授業が中断されてしまう。どこか教室の窓の近くに巣でもあるのかと担任が見て回ったが、それらしいものは見当たらない。

何より不思議なのは、理科など移動教室の科目でも蜂が侵入してくるのである。

他のクラスの生徒に聞いてみると、自分たちの授業ではそうしたことはないという。

そんなある日、美術の写生の課題で、校庭で各自好きな花を描いてこい、ということになった。

Ｋさんは誰もいない体育倉庫の裏で、二人の友達と静かに課題に取り組むことにした。陽射しを避けようと体育館の裏手を歩いていく。丁度建物の途切れる角に差し掛かったときである。

「ぎゃあああああぁぁっ」

と甲高い悲鳴が聞こえた。

悲鳴はすぐ先からと思えたので、急ぎ角を曲がった。

間もなく目に飛び込んできたものを見てＫさんたちは度肝を抜かれた。

自分たちと同じ年頃の子供が地面を転げ回っている。いや、子供というのは、「声や形から辛うじてそう思えた」というだけだ。その子供は体中を夥《おびただ》しい数の蜂に囲まれ、火だるまならぬ蜂だるまになっていたのである。

かろうじて人の形を縁取っているだけで、顔などは全く分からない。

見たこともない事態への無力感と恐怖が足元からぶわっと駆け上ってきて、Ｋさんたちは人を呼ぶのも忘れその場を逃げ出した。

その場を離れしばらくすると落ち着いたが、何にせよ自分たちの手には余る事態だと思えたので、見たものを担当教員に報告した。教員と用務員が何人か集まりすぐに確認に向かう。

ところが、幾ら探してもKさんたちが言うような子供は見当たらないという。そんなはずはないと現場へ同行したが、確かにその場所には何も残っていなかった。

ふと、足元でぐちっと音がしたので、反射的に足を上げて靴の裏を見た。

スズメバチの死体が一匹だけ貼りついていた。

その出来事のあと、教室に蜂が侵入してくることはなかったそうだ。

バス

Sさんが交差点で信号待ちをしていると、目の前の横断歩道をまたがるようにして観光バスが止まった。

妙だなと思った。

満員電車のように車内にすし詰めに人が立っている。

こうした観光バスはふつう、座席と真ん中の通路だけの構造のはずだ。窓際まで人が立っているというのは、いかにもおかしい。

本来の利用者層と言えそうな中高年層から不似合いなサラリーマンまで、様々な年恰好の人が乗っている。一様に生気のない、ぼぉっとした表情だ。

気付くとまじまじと見つめてしまっていたが、誰とも目が合わないのも不思議だった。

そうして一分くらい経ったころ、信号が変わり、バスはそのままゆるゆると高速道路の入り口に向かうインターチェンジの方へ進んでいった。

翌朝のニュースで、高速道路上で観光バスが事故を起こし、何人かが重症の怪我を負った、というのを見たが、発生場所も遠方だったように思うし、あのとき見たものと関係があるのかは分からないという。

花瓶の中の世界

非常勤講師として働いている三十代の男性、Jさんが不思議な体験をしたのは、小学生のころだ。

当時のJさんの家の近所に、住居としての役割を終えて久しい廃墟マンションがあった。そこに夏休みに友人のHと遊びに行ったときのこと、と前置きして、こんな話を始めた。

そのマンションは三階建ての棟がふたつ並んだだけの小さなもので、Jさんが物心つく前からそこにあった気がするという。

クリーム色の建物の周囲は荒れた芝生になっていて、裏側に今はもう車の停まっていない駐車場が併設され、外周は錆びた金網で囲まれている。

このマンションが一瞥してもう人の住まない廃墟であると分かるのは、窓や入り口がトタン板で塞がれていたからだ。それもJさんが気付いたときにはそうなっていたので、いつ頃から無人のままなのかは分からない。

「この前、窓が開いてるとこ見つけたんだよ。ちょっと入ってみようぜ」

夏休みも終盤のある日、友人のHとそこに遊びに行こうという話になった。

Hが件のマンションの近くを通ると、一階の角部屋の窓を覆っていたトタン板が外れて立てかけただけの状態になっていたというのだ。

中に入れるかもしれないからと、Hは懐中電灯を持って待ち合わせ場所にやって来た。

時間は午後一時を少し回ったところだ。

太陽がアスファルトの地面を容赦なく焼いていた。

早く日陰に入りたいというのもあって、早速件《くだん》の窓を探し始めた。

表通りに面した側をマンションの「表側」とすると、「裏側」のほうにその部屋はあった。

ベランダの柵があるから分かりにくいのだが、確かにトタン板が外れているのが見て取れる。トタン板をずらすと、窓は枠ごと外されており、部屋の中にそのままあがれるようになっている。射し込んだ日光に無機質な部屋の様子が浮かび上がった。

Jさんと日は僅かな躊躇のあと、土足のまま部屋へあがった。

内部は想像していたよりも綺麗で、多少埃《ほこり》っぽくはあるものの、掃除すればまだ人が住めそうだ。カーペットの床も白い壁紙もそのままで、家具がないせいか空間は広く感じられる。

広いリビングの右手奥に、閉じた襖が見える。侵入が人に見つからないように窓のトタンを戻していたので、日の光はそこまで入ってこない。

Hが懐中電灯のスイッチを点けて、襖に手をかけた。

ごっ、ごっ、と最初だけ抵抗があってから、襖が開いた。

畳の上にあがると、みしりと音がする。

向かいの壁に懐中電灯の光があたったとき、妙なものに気がついた。

部屋の隅にひとつ、木製の衣装箪笥が置かれている。

他にものがない中それだけが残されているのを不気味に思ったが、Hは「うわ、何これ、気持ちわる」などと言いながら、その観音開きの扉にすでに手をかけている。

バコッ、という音とともに扉が開くと、パッと埃が散り、続いて中から蝋燭台がふたつ、ゴロゴロと転がり落ちてきた。ゴトンと足元に落ちたそれを反射的に蹴飛ばすと、タンスの中を覗き込む。

ひな壇のような構造の二段の棚に、香炉と花瓶が供えてある。

それは衣装箪笥ではなくて仏壇だった。


他に何もない部屋に仏壇だけが放置されている。

その異様さにしばらく二人で黙り込んでいたが、Hがそろそろと手を伸ばすと花瓶を手に取った。

徳利のような形の半透明の花瓶の中で、懐中電灯からの光が揺れた。

水が入っているのだ。

Hが「おい、これ」と言いながら花瓶の口を指で叩いた。下から懐中電灯で光をあてている。「覗いてみろ」ということだろう。

Jさんが頷いて花瓶を覗き込むと、光に照らされて底に何かのシルエットが見える。

ふたつ並んで沈んでいる米粒のようなそれが、急に一回り大きくなった。

大きくなったことで、それが何なのか分かった。

並んだ二人の子供のシルエットだ。懐中電灯の光がそれを浮かび上がらせている。

シルエットがもう一回り大きくなった。

これは背後から見たHと自分の今の姿なんだと思い至る。

じゃあこの視点の主は誰なんだろう。怖いのに、目が離せない。

やがてシルエットがひとつになる。はっきりと分かる。

自分の後頭部だ。

そのつむじのあたりに意識が吸い込まれるかのような感覚がして、視界が真っ黒になった。

気付くと自分の自転車のハンドルを握ったまま立っていた。

場所は金網に囲まれた駐車場で、そこに影を落とすように廃墟のマンションが立っている。

今の今まであの中にいたはずだ。

それが、テレビのチャンネルが変わったかのようにいつの間にか外に戻っていた。

目覚めたばかりのように周囲の陰影が滲んでいて、頭がぼんやりする。

一緒にいたはずのHの姿はない。


何がなんだか分からなかったが、家に帰ると普通に家族がおり、夕食が出てきた。それからなんとなく怖くてHに連絡できないまま数日を過ごし、始業式を迎えた。

学校にHの姿はなかった。

勇気を出してそのことを同級生に訊いてみると、「あいつ、夏休みの間に引っ越すって言ってただろ。母ちゃんの実家の北海道のほうに行くって」という。

そんなはずはない。Jさんは、夏休みの終わり際まで何度かHと遊んだ記憶がある。

戸惑うJさんに、同級生が言葉を続けた。


「ま、おまえHと全然話してなかったもんな。べつに友達でもないし」

……そんなことがあったんですよね。

と、Jさんがそこまで自分の体験を話したあと、話を締めるかのように、言った。

「だから僕は、今でも花瓶を覗き込んでるんじゃないかと思ってるんです」

私は思わず、えっ？　と訊き返してしまった。

どういう話の流れで、今の言葉が出てきたのか分からない。

「……だから、あのとき、意識が〈花瓶の中の自分〉に入って、そこから出られないまま今に至っている、ってことで……。本当は時間も全然経っていなくて。あのときのままで。Hは今も〈花瓶を覗き込む自分〉の隣にいて」

こちらの困惑を汲んだのか、Jさんが説明しようとしてくれる。

有名な思考実験の「水槽の中の脳」のようなことだろうか。われわれは水槽の中に浮かんだ脳だけの存在であり、様々な電気刺激を与えられることで、この世界が存在している、と錯覚している……というような。

だとしたら、今こうしてJさんからお話を伺っている私も、Jさんからすれば「花瓶の中の世界にだけ存在している錯覚」に過ぎない、ということだろうか。

「ちょっとそれは、何と言うか。私も今の今まで自分の人生を経てここにいて、今こうしてＪさんのお話を伺っているわけですし……」

それまでの話をどう受け止めればいいか分からず言葉を返す私に、Ｊさんが寂しげに言った。

「でも、それは証明できないでしょう」

石へそ

三十代の男性であるBさんがまだ子供だったころの話である。

毎年、春から夏にかけて父親の渓流釣りに同行していた。

そこでのBさんの楽しみのひとつが、オタマジャクシを捕まえることだ。

捕まえたオタマジャクシは持ち帰り、父が買い与えてくれた水槽でカエルになるまで育てる。このときに、オタマジャクシを捕まえた近辺の石や水草も一緒に持ち帰って水槽の中に入れておく。

聞かせて頂いたのは、ある年にそうやって持ち帰った石についての不思議な話である。

川から持ち帰ったオタマジャクシを育て始めて三日か四日経ったある日。

エサの煮干しを水槽に入れようとして、妙なことに気付いた。

オタマジャクシの数が減っているような気がするのである。

正確に数を数えていたわけではないが、捕まえてきた当初は水槽の中がもっと賑やかに感じられた。

それからさらに二日ほど経って、水槽の水を換えていたときだ。

掬い上げたオタマジャクシを一時的に別の容器に移してみると、明らかに数が少ないように思える。

これは何かあると考えたBさんは、この日からこまめに水槽を観察するようになった。

そうして観察を始めると、オタマジャクシが減る原因はすぐに分かったそうだ。

オタマジャクシを捕まえた際に、一緒に川からいくつか石を持ち帰って水槽に沈めてあった。

この中のひとつに、子どもの握りこぶしより少し大きいくらいの丸い石がある。

緑と白のマーブル模様で、緑色の部分は光を受けると結晶のようにキラキラと輝く。川で見かけたときも周囲の石の中でひとつだけ目立っており、気になって持ち帰った。

この石の真ん中に、ちょうど座布団のような感じで、丸い「へそ」のようなくぼみがある。

あるとき水槽を見ると、この「へそ」に向かって体当たりするように泳いでいくオタマジャクシがいた。

石の表面についた微生物を食べているのか、オタマジャクシはこういう動きをすることがある。そのときもはじめは特におかしいと思わなかったが、十秒もしないうちに妙なことが起こった。

すり抜けるようにというか、吸い込まれるようにというか、オタマジャクシがするりと石の中に消えたのである。

目の錯覚かと思ったが、翌日にも別のオタマジャクシが石の「へそ」に吸い込まれるのを見てしまった。

怖くなったBさんはこの石をすぐに水槽から取り出した。

「へそ」を下にして家のベランダに置いておき、週末に両親に連れていってもらった大きな公園で生け垣に投げ捨てた。

これらのことはしばらく忘れていたが、思い出したきっかけがある。

最近になって地元を訪れたとき、石を捨てた公園に立ち寄ったのだという。

昔はよく来ていたので、懐かしくなって園内をしばらくあてもなくぶらついた。

外周に沿って歩いていたとき、前方で生け垣のそばの木を伐採しているのが見えた。

防護マスクを身に付けた何人かの作業員が木を囲んでおり、電気ノコギリの音がこちらまで響いてくる。周囲にはオレンジ色のポールが立てられ、その間にロープが張られている。結構大掛かりな作業のようだ。

木は枝を大きく広げており、生け垣を突き抜けて公園の外にもはみ出してしまっているように見える。公園内に他に大きな木はあまりなく、緑というとよく手入れされた生け垣や植え込み、芝生がほとんどだ。だからその木は場違いなものにも思えた。

近付くと、作業員たちの間から木の根元が見えた。

木は根元で平べったい石を抱え込むように四方へ根を伸ばしている。

山の中ならともかく、公園などでは滅多に見ない光景だ。

根元の石は大柄な男性が膝を抱えて丸まったくらいの大きさがある。

汚れてくすんではいるが、表面にぼんやりと緑と白のマーブル模様が見てとれた。

それを見たBさんは、昔この公園で妙な石を捨てたことを思い出したというのだ。

そこまで話し終えて逡巡するように数秒沈黙してから、Ｂさんが口を開いた。

「ただね、もしあの大きな石が、僕の捨てたものだとするとですよ」

とても気にかかることがあるという。

「何を食べたらあそこまで大きくなるのかなって」

運命の人

夢の中の主要な登場人物というのは、基本的には「知っている人」である。知人友人、家族や、テレビで見たタレントなど。夢は記憶の整理だというから、当たり前かもしれない。

ただ、例外もある。

私が中学生の頃、「普段通っている学校の周囲を誰かに追い回されて逃げ回っている」という夢を見たことがある。それ自体はよくある悪夢だと言えそうだ。問題はその追っ手である。夢の最後に追っ手と対峙するが、その顔にまるで覚えがない。全く知らない人なのだ。頭は坊主頭で、学校指定のジャージを着ている。手に何かの刃物を持っていたように思う。その顔は、さすがにぼんやりとではあるが、今でも思い出せる。

飲みの席でそんな話をしていると、その場にいたDさんが「オレも似た夢を見たことがあるよ」と言って、話を聞かせてくれた。

Dさんが小学校高学年のときである。

夢の中でDさんは、当時住んでいた団地の中を彷徨《さまよ》っている。人通りのない夜中である。いつの間にか誰かが後ろからついて来ていることに気付く。明確な害意めいたものを感じて、逃げようと早足になる。

いくら歩いても一向に後ろからの気配は消えない。

団地なので、建物は周囲にいくらでもある。

Dさんは身を隠そうと手近の棟に入って階段を上っていく。

最上階まで来たところで、下からゆっくりと階段を上ってくる足音がする。

建物に隠れようとしたのは下策だったようで、追い詰められた形になってしまった。

階段の踊り場をゆっくりと曲がりながら、追跡者が姿を現した。

それが典型的な「お化け」なのである。

白の着物はシミだらけで茶色に近くなっている。うつむいた顔は黒髪に隠れて見えない。

女性らしいということだけが辛うじて分かる。だらりと下げた手や裸足の足は、セピア写真のような色合いである。

それが、ゆっくりと一段ずつ階段を上って近づいてくる。

あと二段。

もう駄目だと思ったところで、背にしていた扉の感触がフッと消えた。服の襟首を掴まれ、後方へと引っ張られる。そのときに、覆い被さるような態勢になったお化けの女の顔が、正面からはっきりと見える。

真っ白で無表情な顔。その中に昏《くら》く穿《うが》たれたような黒い瞳が、Dさんの目から頭の奥まで視線を突き刺すように覗き込んでくる。

夢はそこで終わるのだが、そのときに見た顔があまりに恐ろしくて、それをどうしても忘れることができない。

中学生になっても覚えている。

高校生になっても思い出す。

大学二年の春に、Dさんはそのお化けの正体を知ることになる。

「……それが、今の嫁なんだよ」

当時のDさんが所属していたサークルに入ってきた新入生の中に、まさにあの夢で見た女性がいたそうだ。

この女性は顔こそ夢で見たお化けなのだが、とても快活な女性だった。

すぐDさんに懐いてきて、Dさんのほうも彼女のことが好きになっていった。

結婚はDさんから持ち掛けて、今に至るとのことだ。

呆気にとられながらも「……いや、怖くないですか?」と私が訊くと、

「でも今は、あいつにならなに何されても別にいいって思ってるから」

と惚気《のろけ》られ、私もそれ以上何か言う気がなくなってしまった、という話なのである。

放置車両

数年前までスーパーマーケットの店舗責任者だったMさんは、受け持っていた店舗で起きたある事件の奇妙な顚末《てんまつ》を語ってくれた。

朝からどんよりと曇った六月のある日のことだ。

Mさんが出勤してくると、店の奥の事務所で夜勤の品出しスタッフの二人が会話している。深刻そうな表情で、一人は軍手に箒《ほうき》とちり取りを持っている。普段から夜勤スタッフの最後の業務は店の清掃だから、その途中だったのだろう。

「何かあったの？」と訊くと、二人はようやくMさんに気付いたようで、軍手をしたほうが「あ、あの、駐車場の掃除をしてたんですが」と、早口気味に言う。

店舗に併設された駐車場は全部で十六台が駐車可能なものだ。

この駐車場に関して、Mさんには気がかりなことがひとつあった。

この四日間ほど、一番奥の駐車スペースに白いワゴン車が停めっぱなしになっているのだ。

いわゆる放置車両である。

発見して二日目の時点でフロントガラスのワイパーに注意書きを挟んではいる。

ただ、それでも車の持ち主は姿を見せず、音沙汰がないので、近いうちに警察に通報しようと考えていた。

夜勤スタッフから「駐車場」という言葉が出た時点でその車のことが浮かんだMさんは「あのワゴンのこと？」と訊き返した。

コクコクと頷いた夜勤スタッフが「あの、あの車、人が乗ってたんです。掃除しながら、いつもみたいに車のほうに行ったら、運転席、人がいました。それで、最初は寝てるのかと思ったんですけど。そういう感じでもなくて……」

もう一名のほうの夜勤スタッフは「あの感じは、ちょっと救急車とか呼んだほうがいいかもです」と言う。

どうもよくない状況のように思えて、Mさんはまず自ら問題の車を確認しにいくことにした。

店の搬入口から駐車場のほうに出ると、停まっているのは問題の車だけだ。

車は少し車高の高いタイプで、Mさんが数日前に挟んだ注意書きと窓の反射も相俟《あいま》って、遠目には車内の様子が分からない。

近寄って運転席の脇の窓から中を覗き込む。

暗い車内で、五十代半ばほどの太った男が半分ずり落ちるように座席に座っている。口が半開きになり、目は閉じている。

一瞬、精巧に作られた人形かと思ったほど、生命感が欠落している。

Mさんはそれを見た瞬間にすっと理解したそうだ。

ああ、この人、死んでるな、と。


救急車でなく警察を呼ぶことになった。

状況からすると、昨晩車を取りに来て乗り込み、何かの事情でそのまま亡くなった、ということだろうか。

いずれにせよ、自分に管理責任という意味での落ち度があるようには思えない。事情聴取は面倒だろうが、その点に関しては気楽に構えていた。実際、この日は簡単にいくつかの質問を受け、書類を記入しただけだ。

店舗は営業はしつつも警察が駐車場で作業をし、夕方には車はレッカーで運ばれていった。

ところが後日、警察から電話がかかってきて、改めて事情を聴きたい、という。Mさんのほうから出頭することになり、一時間以上事情を説明したそうだ。

「そこで警察の言うことが、どうもおかしいんですね。なぜあれをずっと放置していたのか、と言うんです。会社の規定で、ああいう場合は持ち主が現れないか数日様子を見てから通報する、と説明したんですが、どうも話がかみ合わない」

車のことじゃない、とそう言われたそうだ。

「それで、話をするうちに分かったんですが、あの遺体、発見の四日前には亡くなってた、ってことらしいんです。でもそれっておかしいですよね。四日前に車内で亡くなってたなら、注意書きを挟むときに気付いていたはずです。駐車場は他のお客さんも利用しているわけだから、誰も変に思わないなんてことあるかな、とも思うし。そもそも、駐車場の清掃をするスタッフも、自分も、あの車を毎日確認してました」

Mさんはそこで一度言葉を切り、当時の状況を思い出そうとするかのように視線を遠くにやってから続けた。

「車内はずっと空でした。誰もいませんでしたよ。でも結局、警察の方からは、僕の不注意があったんじゃないか、って方向に話を持ってかれて。何かの罪に問われるわけじゃないですけど、会社にもそういう風に報告が行きました」

処分としては譴責《けんせき》程度のことだったが、注意喚起、というような形で、その件の情報が社内全体に回った。

そんな理不尽に耐えかねたMさんは間もなく会社を辞めて、今は全く別の仕事に就いている、とのことだ。

見え方

彼女とのスキー旅行の往路、Sさんは車で高速を走っていたそうだ。

時刻は朝十時頃だったという。


「あのさ」

と助手席の彼女。

「今、後ろから車が追い越してくるけど、絶対見ちゃ駄目だから」

意味が掴めず、なに言ってんの？　と訊き返すと、

「横、通り過ぎるけど、絶対見ないで」

と、もう一度、念を押してくる。

そんなことを言われれば、どうしても見たくなる。

追い越してくるところを少しだけ見ようとサイドミラーを覗いて、度肝を抜かれた。

ありがちな白のセダン。強いて言えば、今どき多少古臭い車種のような気はする。

驚いたのはその窓だった。

内側から黄ばんだ新聞紙が貼られている。フロントもサイドも、隙間なく。

どうなってるんだ？

理解が追い付かず、脇を追い越していくその車を呆然と見守った。


「だから見ない方がいいって言ったんだよ……」

そう彼女が言う。

いや、何なの、あれは？

訊くと、

「最悪だよ……。あたし、思いっきり目が合っちゃったよ」

とだけ答えた。


Sさんは、なんとなく自分のほうが間違っている気がして、黙り込んでしまったそうだ。

宇宙人の涙

Aさんが通っていた小学校のクラス替えは二年ごとで、最後の二年間を共に過ごした同級生の中にU君がいた。

Aさんは小学校を卒業してからはもうU君に会っていない。当時にしたって、そこまで親しかったわけではない。

それでも、あいつのことはずっと忘れないと思う、と前置きして、こんな話をしてくれた。

きっかけは他愛もない「いじり」だったという。

当時のAさんのクラスにはGという暴君がいた。

Gは乱暴な性格だが運動神経だけはやけに良いというマンガのキャラクターのような少

年だったが、当時の教室ではある種のカリスマとして君臨していた。

ただの気まぐれだったのか、それとも前日にテレビでやっていたＵＦＯ特番の影響だったのか、とにかくそのＧが言ったのだ。

「お前、宇宙人なんじゃねえか」

言われたＵ君は教室では常に物静かで、一番後ろの席で読書をしているばかりの少年だ。

三白眼の離れ目がやや個性的な顔立ちだが、そんな特徴も普段のふるまいのおかげで印象には残らない。

ただ、頭の漢字が「宇」から始まる少し珍しい名前だったのが、Ｇの今回の「いじり」を呼び寄せてしまったようだ。

Ｇが取り巻きの少年たちとＵ君の机を囲む。

教室が嫌な緊張感で張りつめる。

Ｕ君の隣の席だったＡさんは、とばっちりが来ないようにと自分の机の木目の模様を睨んだままじっとしていた。
だから、そのときU君のしたことが最初よく分からなかった。
横目には、パッ、パッ、と強い光が二度瞬いたのだけが見えた。
次いで、U君がこう言うのが聞こえた。

「どうでもいいだろ、そんなこと」

思わずU君のほうを見ると、その手に握られているものに目が行った。
銀色のボールペンだ。
机の上には揃いの銀の筆箱が開かれている。
U君が手の中でボールペンの頭を捻るように弄った。
パッ、と光が散った。
目の中に残像が残るほどの強い光だ。
Aさんくらいの年頃の子供なら誰もが知っている。
宇宙人が題材の当時流行っていた映画に、よく似たアイテムが登場していた。

映画のグッズなのか、あるいは無関係にそんな文房具が売っているということなのか、とにかくGへのそんな見事な切り返しによって、U君の「宇宙人キャラ」はポジティブな形でクラスに定着したのである。

それからのU君のクラスでの振る舞い方は見事なものだった。

銀色の文房具シリーズから始まり、四角形や三角形の描かれたカードで披露するカードマジック、休み時間に読んでいる宇宙関連の難解な本と、事あるごとにクラスメイトを驚かせ、また笑わせた。

Aさんが個人的に忘れられないのは、国語の教科書を忘れたU君に自分の教科書を見せてあげたときのことだ。

授業後の休み時間、U君がAさんの机の上で銀色の筆箱を開けた。

筆箱は二重底になっていて、下部の隠しスペースに透明のビー玉が並んでいた。

丸くくり抜いたスポンジで固定してあり、宝石箱のような高級感がある。

U君はその中のひとつをつまむと、Aさんに手渡した。

ビー玉は教室の窓からの光を受けると、机の上にプリズムのように虹色の光を投影した。

まるで花が開いたようだった。

U君はにっこり笑っていた。

そんな状況がしばらく続いて、面白くないのはGだ。

その日もU君は「まぶたが開けられなくなる催眠術」を試してクラスメイトを楽しませていた。

そんなときにGが突然、

「ウソついてんじゃねーよ！」

と叫んだ。

机の上に足を乗せて、明後日の方向を向いている。

「気持ち悪《わり》ぃーんだよ‼」

誰のことかは明言していないが、U君に向かって言っているのは明白だった。

そのあとも罵倒語をいくつか口にして、最後に、

「宇宙人とか。ガキかよ。消えろよ」

と吐き捨てた。

Aさんは、正直めちゃくちゃな言い草だと思った。

そもそも、言い出したのはGではないか。ガキなのはどっちなのか。

そう思いながらU君のほうを見ると、様子がおかしい。

座ったまま小刻みに震えており、顔を伏せているが、真っ青になっているのが分かる。

それから小さく何度か呻くと、机に向かってポロポロと涙をこぼした。

気まずいのか、周囲に集まっていた何人かのクラスメイトも散り散りになった。

それからU君は不思議な振る舞いをやめ、クラスメイトたちも話しかけたりしなくなった。Aさんも必要以上に関わらなくなり、それから卒業までのU君についての印象はぼん

やりしている。

同じく孤立したようになったGについても憶えていることはあまりない。


話は飛んで、卒業から二十年を記念しての同窓会に顔を出したときのことだ。

Aさんは幹事と顔を合わせるとすぐに「今日、U君呼んだの？」と訊いた。

あのとき庇ってやれなかったことをどうしても謝りたかったのだ。

しかし、返ってきた答えは「あいつの今の連絡先、分かんなかったんだよ」というものだった。

とても残念に思ったが、そういう事なら仕方がない。

それから会が進むうちに当時の卒業アルバムを回し読みすることになった。

回ってきたそれをパラパラとめくって、奇妙なことに気付く。

U君がいない。

様々な行事の写真が並んでいるが、U君が写っているものがない。

ちょうど当時仲の良かったグループで輪になっていたので、「U君がいないんだけど……」とアルバムを広げて見せると、それで気付いたように口々に「そういえば、宇宙人、いないな」と言う。

おかしいのは、個人の写真もないことだ。アルバムの最後には、全員名前入りで個人写真が掲載されている。行事の写真に写っていないのは偶然としても、個人写真がないのは変だ。

それから別グループの何人かにも訊いてみると、U君のことを憶えているかもまちまちだった。

Aさんは今でも折に触れU君のことを思い出す。

U君のことは、Aさんの中では確かな実在感のある記憶として残っているのだ。

その記憶の中でU君は今でも俯《うつむ》いたまま涙を流していて、その姿にAさんの胸は悔恨でいっぱいになる。

あのとき自分が何かすべきだった、と、時が経つほどにそう思えるのだそうだ。

そこまで話を聞いて、ひとつ気になったのでAさんに質問した。

Gが同窓会に来ていたのかどうかだ。

するとAさんは、

「ああ、あいつはずっと入院してるらしくて。何の病気か知らないけど、もう自分のことも何も分からなくなってるって聞きました」

と、心からどうでもよさそうに言った。

逆の二階

N司さんが七年ぶりに実家に帰ったときのことだ。
母と挨拶だけして、荷物を置きに二階の自分の部屋へ向かった。
階段を上がると何か違和感がある。
妙に思いながら自分の部屋のドアを開けると、トイレだったそうである。
あまりに久しぶりだから間違えたのかと思い、左隣の別のドアを開ける。
背の高い本棚が並んでいるのが目に入る。
そこも自分の部屋ではなかった。
と、ギッ、という音とともに、キャスター付きの椅子に座った弟が視界に入ってきた。
分厚い文庫本を手元に開いている。
弟と会うのも本当に久しぶりだ。記憶の中の姿とまるで変わっていないのは、妙な感じもするし、変な安堵感もある。

積もる話もあったが、まずひと休みして旅の疲れを取ってからと思った。

「おう」とだけ挨拶して「俺の部屋は……」と訊いてみた。

弟は、意図を汲みかねるようにこちらをじっと見つめてきた。

いくら久々でも自分の部屋の場所が分からないというのは、変に思われたかもしれない。

それでも訝しげな目を向けられたのは一瞬だけで、顎でしゃくるように方向を示してきた。

先ほどのトイレを挟んで、ひとつ向こうのドアだ。

「また後でな」とだけ言って、今度こそ自分の部屋へ向かう。

特に片付けたりはしていないようで、内装も家具も自分が家を出ていったときと変わっていない。ギターアンプも映画のポスターもあの頃のままの、居心地のいい空間だ。

荷物を置いて懐かしいソファに身体を預けるとすぐに眠気がやってきた。

弟と話すのは夕食のときでもいいと思い、そのまま眠ってしまった。

母親が一階のリビングから呼ぶ声で目を覚ました。

時間を確認すると、夜の七時になっている。

リビングでは夕飯の準備が済んでいた。

食卓には自分の好物が並べられている。

実家を離れる前は、こういうことの有り難さが分からなかったな。

思わずしみじみとしていると、

「ボサッとしてないで座りなさいよ」

と母親に席を勧められる。

弟はまだ降りてきていない。

「あいつ来ないな」と言うと、よく聞こえなかったのか、「お父さん仕事で遅くなるから。もう食べちゃいましょ」と、微妙に噛み合わないような言葉が返ってくる。

弟のことが気になったが、地元の友達と飲む約束でもしていたのかもしれない、と思い直した。


夕食を終え、お茶を飲みながら少し母親と話すと、二階へ戻った。

自分の部屋のドアを開ける。

トイレだ。

そこでやっと、昼間に二階に上がったときの違和感の原因に思い至った。

部屋の配置が逆だったのだ。

階段を上がると正面にドアが並んでふたつ、さらに左右に伸びた廊下の先にひとつずつ配してある。

左から、普段使っていなかった和室、自分の部屋、トイレ、弟の部屋、というのが普段の部屋の並びだ。

それが反転していたから、違和感があったのだ。

ただ、そんな不可思議も些細なことだと思えた。

弟がいたことに比べれば。

N司さんの弟は六年前に職場で心不全になり、すぐに病院に運ばれたが、そのまま亡くなっていた。

過労だった。

両親への気まずさなのか、自分に何かできたのではという申し訳なさなのか、葬儀を終えてからずっと、実家から足が遠のいていた。

どうして今まで忘れていたのだろう。


意を決して弟の部屋のドアを開ける。

部屋の中の様子は昼に弟の姿を見たときのままだ。

背の高い本棚が並び、弟の所有物だった本やＣＤの類もそのまま置いてある。

実家にいた頃はよく貸し借りをして、感想を語り合っていた。

どれもタイトルだけで内容を思い出せる。

弟が独特の視点で述べていたそれらの感想もだ。

ただ、それでもやはり、弟はもういないのだと改めて感じた。

その部屋の中に「人が暮らしている」という雰囲気、「生活の余韻」とでも言うべきものが欠けた硬直した空気が、それを物語っていたというのである。

おい

ハツミさんが大学生の頃、休日に家で寛《くつろ》いでいたときの話だ。
昼頃に起き出してリビングに入ると、家族は誰もいない。
当時飼っていたコリー犬のアルが窓際で眠たげに身体を横たえているのだけが見える。
自分を置いて家族が出かけるのはよくあることなので、気にせず遅めの朝食にした。
充分眠ったはずなのに、トーストを二枚食べるとまた眠くなってきた。
休みだし、いいか。
ハツミさんはソファに横になると、目を閉じた。

「おい」

ソファの背もたれの向こうからそう声がした。

家族が帰って来たのかとも思ったが、声は聞き覚えのない男性のものだった。

上半身を起こして声のほうを見ると、アルがいる。

アルはこちらをじっと見ている。

自分が寝ぼけているのかと考えながら、しばしアルと見つめあう形になる。

アルはこちらを見たまま、バフ、バフ、と咳き込みでもするかのように口元を動かすと、

「テラダハツミ」


と、ハツミさんの名前をフルネームで呼んだ。

口をパカッと開いたまま動かさずに発声しているので、何かスピーカーが喉の奥に入っているかのような感じだ。そこまで体格の大きくないアルには不似合いな、中年男性のような声だった。

意味が分からない。

混乱したまま、アルから目線を外せずにいると、

「……テラダ、ハツミ」

と、今度はゆっくりと言った。

アルの感情の読み取れない黒目がちな瞳が、ハツミさんのことをじっと見つめている。数秒そうしていたかと思うと、アルは急にハツミさんから興味を失ったかのように頭を窓の外の方へ向け、くかっとひとつ欠伸《あくび》をしてから、目を閉じた。

その事があってからハツミさんはアルのことが苦手になり、散歩や日常の世話もほとんど弟任せになった。

就職して一人暮らしになってからは、アルが亡くなるまでの数年間、実家には帰らなかったそうである。

猫は瞬間移動する

「猫はねえ、瞬間移動するんだよ」

生粋《きっすい》の猫派だという女性のDさんが、他愛のない猫話の最中に急にそんな話を始めた。

Dさんが買い物から帰ると、いつものように飼い猫のナオが玄関までトコトコと歩いてきた。身体をすり寄せてくるかと思ったが、少し離れたところで立ち止まり、訝しむようにこちらを見上げてくる。

「どうしたの？」と訊くと、ナー、と一声だけ応えて、くるりと踵《きびす》を返し、家の奥に延びた廊下を曲がっていってしまった。

なにか変な匂いでもついていたかな。

コートの裾に鼻を近付けてみるが、特におかしい感じもしない。

何にせよ買ってきたものを片付けようと思い、靴を脱いで框《かまち》を上がる。

そこで、二階へ続く階段の先からの、トントンという控えめな足音に気付いた。

見ると、ナオが降りてくる。

わけが分からない。

足元にやってきたナオは固まっているDさんを見上げて目を細めると、ナーオ、と一声鳴いた。

Dさんが猫の瞬間移動を見たのは、この一回だけではないそうである。

左から右へと目の前の道を横切った野良猫が、動画のリピート再生のように間髪入れずにもう一度左から右へと横切る。

友人の家に食事に行くと、和室の窓際で猫が眠っている。それをちらりと横目にしつつ通されたリビングで、同じ猫が子どもと遊んでいる。友人に尋ねても、飼っているのは一匹だけだという。

これらのことから、Dさんは「ナオは瞬間移動をする特殊な猫である」ということではなくて、「猫はたまに瞬間移動をするのだが、われわれにはなかなかそれを見る機会がない」のだと考えている。

「野生のハトを捕まえられる人っているでしょう。ああいう感じで、私も猫の瞬間移動をたまたま見やすい、ってことなんじゃないかな」

この話を伺ってから、猫好きの人に会うと会話の流れで然《さ》り気なく「猫って瞬間移動してるっぽいとき、ないですか？」と訊くようになった。

大抵は「えー？　ないと思うけど」などと笑って返されるだけだが、まれに「ああ、なんかあるかも」という答えが返ってくる。

父の書斎

十年ほど前の夏、Y希さんが中学生の頃に、家族三人で訪れた温泉地で体験した話である。

旅先だからなのか、目覚ましなしでも早くに目が覚めた。

Y希さんは当時、両親を少しうざったく感じていたので、このときも一人で散歩に出ていた。

昨晩歩いたときには賑やかだった温泉地は、まるで別の場所のように雰囲気が変わっている。どこか衰退のにおいが漂っていて、取り繕ったものの隙間から綻びが見え隠れするような、そんな印象を与えてくる。

表通りは多くの店の軒先が連なるが、一歩路地へ入ると、閉まったシャッターや錆び落ちて枠だけとなった看板に出くわす。その隙間を進んでいくと、巨大なゴミ捨て場のように廃墟が固まった一角がある。

切り取られてそこだけ時間が止まったような空気。朝の静寂をめいっぱい味わおうと、Y希さんはそんな一角に足を踏み入れた。

廃墟のうちの多くは空き店舗と平屋の一軒家である。

そこまで朽ちているわけでもなく、人が出入りしていないのはせいぜいここ数年、という感じもする。

そんな中に奇妙な廃墟を見つけた。

家と家の間に、それらの半分ほどの幅の、細長い建物が挟まっている。

元は白く塗られていたと思しい木製の外壁は苔で青みがかり、柵で囲われた狭い庭は雑草が伸びっぱなしになっている。

妙に興味を惹かれて、気付けば玄関のドアの前に立っていた。

少し空いた隙間に指を引っ掛けると、ドアは音もなく開いた。

中を覗いて目を疑った。

自分の家の父親の書斎にそっくりな空間が、すっぽりそこに収められていたからである。向かって左側の壁に並んだ書架、木製の重厚感ある机と不似合いな金属製のデスクライト。それぞれに経年劣化し埃が積もってはいるが、天井の照明に至るまで、配置はそっくり同じだ。

長い時間が過ぎて持ち主だけが喪われたような奇妙な光景だった。

両脇を別の建物に挟まれているせいか、窓からあまり光が入らず、薄暗い。

もっと詳しく中を見たいと思って、部屋へ上がる。

壁に沿うように並んだ書架の本はどれも埃でタイトルが読み取れない。

部屋の中央に置かれた読書机の前までやって来ると、その上に一枚の紙とペンが置いてあるのに目が留まった。

何か大切なことが書かれている気がして表面の埃を払う。するとそれが便箋であったと分かる。

そこに見慣れた父の筆跡で「ごめんなあ」と書かれていた。

と、書架に立てかけられている本が一冊、パタンと倒れた。同時に部屋の奥で何かの気配がする。

そちらを見ると、埃と苔で曇った窓の向こうにぼんやりと人影がある。

人影は身動《みじろ》ぎもせず、こちらをずっと窺っているように思えた。

驚いたY希さんは小走りに建物を出て、両親が休んでいる旅館へと駆け戻った。


その旅行のことで他によく憶えているのは、夜中、帰りの車中でのことだそうだ。

助手席の母親は眠っていて、Y希さんも疲れでうとうとしながら、後ろの座席に座っている。窓の外の街の灯りは遠い。どこか平原の中の道を走っているのだと思える。

眠気に身を任せようとしていたところで、無言だった運転席の父親が、Y希、と急に名前を呼んだ。

それから、

「……ごめんなあ」

と一言だけ呟いたそうだ。

旅行のあと程なくしてY希さんの両親は離婚した。今でもはっきりとした理由は分からない。

もうずっと会っていないから父親がどこで何をしているのかも知らないそうである。

指の話

東京の二十三区内でも素朴な景色の残る、いわゆる下町と呼ばれるようなところで働いていた時期がある。

職場の近辺には、手頃で美味く、また一人でも気兼ねしない、というような、使い勝手の良い大衆居酒屋がいくつかあった。

その中でも特にお気に入りの店で一人飲みしていたときのこと。

カウンター席の端でときどき料理をつまみながらタブレットで電子書籍をめくっていると、隣に座っていた男性が話しかけてくる。


「なに読んでるの」

男性は大柄で、上はワイシャツにネクタイだがジャケットはなく、あごには無精ひげがあって肌は浅黒い。歳は五十代くらいに見える。何か偏見のようだが、雰囲気からして、土建関係の仕事をしている人だろうか。


「怖いやつですけど」

「ホラーみたいなこと？」

「ホラーというか、怪談というやつで。本当にあった不思議な話、みたいな……」


実は人からこういう風に話しかけられる経験自体は初めてではない。

そんなときは、何かの話が聞けるかもしれない、という下心もあって、素直に「怪談を読んでいる」とか「怪談が好きなんですが……」と伝えるようにしている。

この男性、Tさんも、そんな期待に応えるかのように話をしてくれた。


Tさんが子どもの頃だというから、もう半世紀近く前のことだろうか。

その日は遊び場の公園の林で昆虫採集をしていたという。

この公園はなかなか大きなもので、園内の林はちょっとした森と言っていいくらいのものだったそうだ。

このときもその林に入ると、木の幹を観察したり、根元を少し掘ったりして、何かいないかと探っていた。程なくしてカナブンやカミキリムシを見つけたが、やはりカブトムシなどの大物が欲しい。

何本もの木を探っていくうちに、ふと足元に目が留まった。

土がすり鉢状にえぐれている。

見た感じではアリジゴクの巣なのだが、見知ったそれと比べて、中心の穴がふた回りほど大きい。こんな大きなアリジゴクがいるのかと興味を惹かれて、手頃な木の枝を巣穴に突っ込んでみた。

穴は深く、みるみる枝を呑み込んでいく。二十センチほど入ったところで何かに突き当たった。ゴムまりを突いているような奇妙な弾力がある。

枝を引くと、一瞬、雑草を根ごと引き抜くときのような抵抗があり、それから抜けた。

その抜けた穴の様子がさっきと違う。

中で薄茶色のイソギンチャクのようなものがゆっくりと蠕動《ぜんどう》している。

見たこともないものを前に唖然としていると、それは穴の奥に引っ込んでいった。


その夏、Tさんは何度もその林を訪れたが、やはりあれが気になる。

たまに枝を突っ込んでみるが、あのときのような反応はない。

それである日、Tさんはとんでもない行動に出てしまった。

その穴に自分の人差し指を突っ込んだのだ。

数秒は何の反応もなく、きっとあれはこの巣穴をもう捨ててしまったんだな、と落胆した。

指を抜こうとしたところ、ほどなくして不思議な感触があった。

水をつけた筆のようなものが指先を撫でたかと思うと、第一関節までがゼリーに似た感触で包まれた。

ほのかに温かい。

柔らかい突起が無数に動き回っているような、忙《せわ》しない感覚がある。

徐々にうねるような圧力が加わる。

そこで我に返って、指を引き抜いた。

指先は透明の粘液で濡れていて、空気に触れている部分は冷たいのに芯は熱いような、皮膚の内側がかゆいような、何とも形容しがたい感触が残った。

それからのこと。

普通なら無事で済んで良かったと思うところだが、Tさんはそれにハマってしまった。

穴のあるあたりには奇妙に甘い香りが漂っていて、それを嗅ぐと「危険なんじゃないか、良くないものなんじゃないか」と思う警戒の気持ちが揺らいでしまう。

週に二度ほどはその場所を訪れて、穴に指を突っ込むようになった。

そうした日は家に帰ったあともなにかぼんやりしてしまい、夕食どきにはお父さんに「どうした、食欲ないのか」と心配されることもあった。

秋になり、あの穴も落ち葉に埋もれて見つけ難くなった頃。

Tさんはお父さんと一緒に件の公園の遊歩道を歩いていた。一緒に病院に行った帰りのことである。

そのうちに、あの林の脇に差し掛かる。

並んで歩きながら、自分がいつも林に入っていくところの手前まで来た。
あれがお父さんにバレてしまうのではないかと、根拠なくそんな気がした。
なぜか、不安や後ろめたさ、気恥ずかしさが湧き上がる。
そこでお父さんが立ち止まった。
ああ、やっぱりバレてしまったんだ。
そう思いながらも何もできず立ち尽くしていると、お父さんが小さく手招きして
「ちょっと、来なさい」
という。

お父さんは、Tさんがいつも入って行くところの道を挟んだ反対側の林に入っていく。

簡易な植え込みの向こうは鬱蒼とした林だが、よく見ると足元に石が敷いてあって、石畳の道のようになっている。土と苔に覆われたそれを見ると、普段はほとんど人が通らない場所なのだろうと思える。

木々の間を進み、小さく開けた場所に辿り着いた。

目の前にTさんの膝くらいの高さの石が立っている。

屏風石とでもいうのか、ある種の恐竜の背びれのような独特の形をしている。

地面から直に生えているのではなくて、人工感のある四角い石を土台にしている。

目を凝らすと表面に細かく文字が彫られているようにも見えるが、まるで読めない。

お父さんがTさんの背中にポンと手を当てて、言った。


「ほら、お詣りしな」


Tさんはなぜだかその言葉に従うべきだという気持ちになって、目を閉じて手を合わせながら、

「これ、なに?」

とお父さんに訊いた。

「これはな、指塚だよ」

お父さんはそう答えたのだそうだ。

「それから、魔法が解けたみたいにあの穴がどうでも良くなってよ。中坊になったらもう公園に遊びに行くようなこともなくって、それきりよ」

Tさんは、人差し指のない右手で器用に箸を繰り、たこわさや冷奴を口元に運んでいく。

そうしてたまにビールで舌を湿らしながら、懐かしむようにそんな話を聞かせてくれたのである。

キャンプの写真

N村さんが初めて参加したキャンプオフ会で撮った写真を眺めていたときのことだ。

そのうちの一枚、キャンプ場の湖の前で皆で並んで撮った写真が、心霊写真のように見えることに気がついた。

Aと名乗っていた同年代の女性が写真の真ん中にいるのだが、Tシャツの左袖から伸びているはずの腕がない。

N村さんはメッセージアプリを立ち上げると、さっそくオフ会のグループチャットに写真を貼り付けた。

「これ心霊写真ぽくないすか 笑」

すると、すぐにAからの返信があった。

「え？」

続いて、

「どこ？」

N村さんが「Aさんの左腕、見てくださいよ」と打ち込む前に、Aの投稿がもうひとつ続いた。

「左端のやつか」

更に間髪入れずに、

「女笑」

その直後Aはグループ全員をブロックして、やり取りが出来なくなってしまった。

N村さんは、彼女に何があったのかということよりも、最後のやり取りの内容がずっと気になっている。

件の写真で一番左側に立っていたのは、N村さんだったからである。

駄目

某スキーリゾートの外れ、山の中腹に、レストランの廃墟がある。

営業当時は一面のパノラマビューを売りにしていたが、経営不振で潰れてからは妙な噂が立つようになった。

ほとんど人が寄り付かないので、まともではない仕事の人々が夜中に出入りして使っている……というような話だ。

Hさんは十五年ほど前の秋に仲間とそこへ肝試しに行ったが、中まで入らずに帰ってきてしまった。

そのときの話をしてくれた。

廃墟は町から車で一時間ほどのところにある。

明かりもなくうら寂しい山道は、それだけで雰囲気満点だ。

道中、道の脇の草むらに目を引く赤色のミニバンの廃車が放置されていた。

タイヤは潰れていて、窓は泥と苔で曇り車内は見えない。サイドミラーが外れかけ、垂れ下がっている。バンパーは落ちかけ車体側面には大きなへこみがあり、ボンネットの上では、ネズミを象《かたど》った有名なキャラクターのステッカーが色あせている。

こんな山中で車を乗り捨てて、乗っていた人間はどこに消えたのだろうか。

……などと、道中そんなものにも雰囲気を盛り上げられつつ、Hさん一行は廃墟へと向かった。


暗闇の先に道が開けているのが見える。

駐車場のようだ。明かりがなく端の方までは見渡せない。

スピードを落としながら進入すると、正面にコンクリート製の階段があり、奥にぼんやりと大きな円筒状の建物のシルエットが見える。

これがそうか。

そう思ったものの、入るのに躊躇する。

車を降りると周囲はしんと静まり返っており、どことなく空気が重く感じられる。廃墟の壁面を懐中電灯で照らしてみれば大量の落書きが浮かび上がり、内部も相当荒れているだろうと思わせる。それに加え、階段の手すりに張り巡らされた黄色と黒のロープや散乱したカラーコーンの残骸が、実に近寄り難い雰囲気を醸し出しているのである。

車に戻りなんとなく時間を潰すが、一向に誰も「そろそろ中に入ってみよう」などとは言い出さない。

そんなふうにして二十分ほど経った頃だ。

階段脇の斜面を降りてくる人影があった。四、五人か。

思わず車のライトを消し、息をひそめていたが、すぐに窓をノックされた。警戒しながら室内灯をつけると、自分たちとそう変わらない年代の若者たちの姿が浮かび上がった。

窓をノックしたのは、明るい金髪にニット帽を被り、ダウンジャケットを羽織った大柄な男だ。

見るからにあまり素行がよろしくなさそうなタイプだ。

厄介なことになったと思ったが、若者たちは様子が変だ。後ろに見える二人の女性は肩を震わせて泣いているようで、手前の大柄な男は手で×印を作っている。

さすがにどうしたのか気になり、車の窓を下げると、大柄な男が口を開いた。

「あの、ここ、やめたほうがいいっす。ホント。駄目っす。駄目」

それだけ言うと、仲間たちを伴って、駐車場の奥の闇の中へ歩いて行ってしまった。

そちらの方で程なくライトが点灯するのが見えた。さっきの若者たちの車だろう。

Hさんたちは駐車場入り口近くに車を停めていたので、若者たちの車が脇を通ってそこを出ていくのを見送る形になる。

彼らの車の明かりが去っていくと、Hさんたちは結局廃墟に入らずに山を下りることにした。

件の若者たちの車は赤色のミニバンで、そのボンネットにネズミのキャラクターのステッカーが貼りつけられていたのを見たからだ。

行きと同じく帰りにも廃車の脇を通ったが、特に何かが変わったような様子はなかったという。

巨人

趣味の山登りの中で、怖い話や不思議な話を人から聞かせて頂く機会が多くある。

偶然しばらく同じルートを辿ることになった単独登山者の方から話を伺う。

娯楽の少ない山小屋の夜に、自然と怪談話が始まる。

そんなことが珍しくない。

山の上では、人と人との間に、その場限りにしては親密な独特の距離感が生まれる。

それは怪談というものと殊《こと》の外《ほか》相性がいいものなのかもしれない。

他所で全く聞いたことのないような話というのは勿論魅力的だが、「どこか共通している・似ている話」、いわゆる類話を別々の方の口から聞く、というケースも、怪談としてとても興味深い。

山の怪談でいえば、「姿は見えないが後ろからずっと追随してくる足音」のような話や、「前方にちらちらと見える登山者らしき影を追っていたらいつのまにか道に迷っていた」、あるいは同じ状況で逆に「いつのまにか道迷いから脱した」、というような話は、何度も聞いたことがある。

本項では、こうした類話怪談の、もうひとひねり加わったような奇妙なバリエーションを紹介したい。

「山で巨人を見た」という話が、それである。

＊＊＊

G山の巨人

まだ春というには早い、残雪残る頃の話。

木々の葉の落ちた稜線が幾つかのピークをつないで、見晴らしの良い縦走路になっている。

連峰の最高峰はちょっとした岩場のようになっており、そこだけ樹木の植生がない。

三百六十度の絶景で、後方には今まで来た山々が、前方にはこれから行く山々が見渡せる。

Yさんは暫しの間立ち止まり、ぐるりとその場で回るようにして眺望を楽しんでいた。

一周して視界が前方に戻ったとき、稜線上の小さなピークに奇妙な人影を認めた。

赤いワンピース姿の女性だ。

全く山に似つかわしくない格好。

枯れ木の合間にその姿が見え隠れしていて、一緒に手をつないだ子どもがいるのも見て取れる。

ただ、そんな様子よりもおかしいのは、女性の大きさである。

どうにも縮尺が狂っている。この距離だと、普通なら人は米粒大にしか見えないし、ましてや服装など分かりようがない。

何より、頭が枯れ木の間から出ている。

目算でも四、五メートルはあるのではないか。

唖然としていると、その女性と子供は樹林が濃くなる麓方向へと下っていき、すぐに姿が見えなくなったそうだ。

B山の巨人

緑濃い夏のある日、Sさんは主婦友達で登山仲間の二人と、涼し気な沢沿いのコースを登っていた。

道の周囲は樹林帯となっており、木々の葉が陽の光を程よく遮っている。

言葉を交わしながら歩いているうちに、別の登山道と交わるT字路に行き当たった。

Sさんたち三人の来た道からちょうど突き当たりの位置に、標識が立っているのが見える。そこから左右へと別の道が延びている。

近づいて標識を見れば、これから向かう山頂の名前と距離が入っている。

休憩がてらそこで写真を撮ろうという話になった。

一緒に登っていた二人に標識と並んでもらい、これから向かう山頂の方を指差したポーズをとった姿を撮影した。

そのときは特に何もなく、おかしなことに気付いたのは、登山を終えて帰りのバスで写真を確認していたときだ。

件のT字路での写真。標識と並んだ二人の後方に、人の後ろ姿らしきものが写っている。

体の部分は二人と重なってしまっているから、肩から上だけが見えている。

そこまで距離が離れている感じはしない。

たとえば同じ高さに立っていて、二メートルほど後ろに立っていたら、こんな写真になるだろうか。

それくらいの距離なら、撮影時に気がつかなかったのは妙だ。

それに、あの場の状況を思い返すと、辻褄の合わないことがある。

T字路の標識の後ろはすぐにちょっとした谷となっていて、険しい斜面を見せていた。

もしそこに人が立っていて頭が写っているとなると、その背は三メートルか四メートルないといけないことになる。

見れば見るほど、遠近感もどこか狂って感じられる。

そんなことを考えながら写真を眺めていると、そのおかしな登山者の被った登山帽が自分のものとそっくりだと気付いて、ぞっとしてその場ですぐに写真を消してしまったそうだ。

M岳の巨人

M岳の山頂付近は背の低い笹が生い茂る平原になっていて、火山活動と風の侵食が巨岩の点在する奇景を生んでいる。巨岩が折り重なった隙間に大きな岩屋が形成されているところもある。

Kさんがそんな岩屋のひとつに入ってみると、中に祠《ほこら》があるのを見つけたそうだ。簡素な石組みのもので、何を祀っているかといった情報もない。

小銭がいくつか放ってあって、一応訪れる人がいるということは分かる。

Kさんも五円玉を供えて手を合わせた。

暫し静謐な空気を味わってから岩屋を出ると、軽装の男性が立っている。年の頃は六十代くらいか。

「こんにちは」

と挨拶すると、

「祠、見てきたの？」

と訊かれる。

地元住民や詳しい人なのかと思って
「あれは何を祀ってるんですか？」

と尋ねると、

「あれ、どう思う？」

と遠くを指差しながら逆に訊き返してくる。

指差した先には肩を寄せ合うように三つ並んだ大岩が見える。

真ん中のひとつだけが少し背が高く、ぽっこりと突き出している。

どう思う、と言われたので、世代的にニュアンスが正確に伝わるのか不安があったが、直観的に思ったことを答えた。

「巨大ロボットみたい、ですかね？　小さい頃にテレビアニメとかで、ああいうのが出ていたんですよね」

男性はこちらを振り向かずに大岩のほうを見たまま、

「あれは大昔には巨人だったんだって言ってねえ、このあたりにある祠は、それを鎮魂する意味で作られたものなんだよ」

そう言った。

下山してから利用した民宿でのこと。

民宿の主人にM岳を登ってきたというと、主人も過去に何度も登っているらしく、話に花が咲いた。

デジカメで撮影した写真を見せながら話していて、大岩の巨人のことを思い出したので、そちらへと話の水を向けてみた。

すると主人は、「あの山はさ、大樹の原生林でも有名じゃない」と言って、こんな話を続ける。

「歩いてみてどうだった？　とても木だなんて思えないような変な形の木も、沢山あったでしょう。いやね、もう亡くなったんだけども、うちの爺さんがよく言ってたのはさ。あの中に朽ちた巨人の死体も混じってるって話なんだよ」

＊＊＊

これらの話が面白いのは、そこで起きていることを単に並べてみると、全然別のカテゴリーの話に思えるということだ。

ただ、にも拘わらず、語り手は「山の巨人」というようなくくりで話を聞かせてくれる。

「だからやっぱり、山には巨人がいるんじゃないかと思う」

という風に話を結んだりする。

このことは、「山で巨人を見た」という体験よりも先に、何か潜在的な記憶のようなレベルで、「山には巨人がいる」という前提認識をわれわれが共有しているようでもある。

そんな不思議な話である。

不法投棄

ベテラン登山者のH治さんの山の楽しみ方は少し変わっている。

真夏以外は専《もっぱ》ら、地味でマイナーな低山ばかりを歩く。

そうした山には登山者もあまりおらず、登山道が消えかかっていることが少なくない。

そこに更に難条件を重ねるように、地図を頼りに廃道を辿ることすらあるそうだ。

手つかずに近い状態の自然を踏破しているという実感がこの登山スタイルの魅力だという。

そんなH治さんが、ある秋に歩いた縦走路での出来事を話してくれた。

地図の等高線を目安に頭の中で地形を組み立てる。突き出た小さなピークや一段高くなった尾根をチェックポイントとして設定し、それらを線で結んでいく。そうして登山口から別の登山口までのルートを設定する。

そんな風に組み上げた事前の計画はいつも通り万端だ。

とはいえ道は不明瞭で、落ち葉に埋もれているような箇所も多い。

この日はいつも以上に慎重に歩いていたそうだ。

今はもう廃道となっている登山道を歩くセクションで、見上げた斜面の上、廃屋が目に入った。木組みの簡素な小屋で、ところどころ材木が剥がれて壁は歯抜けのようになっている。木はもう腐りかけているのか、全体が黒ずんでいる。三角屋根は辛うじて崩れず支えられているという風に見えて、何とも心許ない。

気になったのは小屋の入り口近くに冷蔵庫が倒れていたことだ。

粗大ゴミの不法投棄にしても、近くに車が入れるような道などないし、どうやって運び込んだのだろうか。

こうした小屋では林業の従事者の備品がそのまま残っていることもある。ただ、冷蔵庫というのはいかにも不自然だ。

斜面を登り小屋に近付いてみると、冷蔵庫は扉側を下に倒れているのが分かる。

小屋のドアは外れかけ半分開いており、中が見えるようになっていた。

そこに冷蔵庫よりも更におかしなものを見つけた。バスタブだ。

白いバスタブが放置されている。

ドアは動かすと破損しそうだったので、ザックをその場に下ろしてから体を滑り込ませるように小屋の中に入った。

入ってみれば、小屋はほとんど雨除け程度の機能しかないものだということが分かる。床は土が剥き出しの土間状のもので、六畳程度のスペースしかない。その中央にバスタブだけが置かれている。

改めて考えてみれば、バスタブの大きさからして今しがた入ってきたドアから運び入れるのも困難に思える。何から何まで、おかしなことだらけだった。

その中でもやはりバスタブが気にかかる。近づいてみると、底に何かが棄てられているのが目に入った。

手帳ほどの大きさの黒い板状のものだ。それが十数枚棄てられている。

手を伸ばして一枚を拾い上げてみると、見た目よりもずっしりとした重い感触が手に返ってくる。

自然に指の中へ収まるような絶妙な形状だ。

土埃を払うと、表面はガラスのようにつるりとした素材だということが分かる。

裏返すとそちらは金属と思われる銀色の素材で包まれていた。触れるとひたと冷たさを感じる。

手の中で弄《いら》いながら様々な角度から眺めているうち、側面にふたつの小さなでっぱりを見つけた。スイッチのようだが、押しても反応はない。

こういうものが付いているということは何かの機械なのだろうか。しかし、ふたつばかりのスイッチでは、操作できることなどほとんどないように思える。

そうこうしているうちに、そこで二十分近くも過ごしていたことに気がついた。

予定しているコースはまだ先が長く、ここでいつまでも道草を食っているわけにはいかない。

やはり例の黒い板が気になるので一枚持ち帰ろうかとも思った。しかし、その一枚を持ち帰ることで、投棄されていた他の十数枚についての責任も自分にのしかかってくるような気がした。

結局、黒い板は元の場所に戻し、先を急ぐことにした。

「……ええっと、つまり……山の中の掘っ立て小屋にスマホがたくさん投棄されていたという、そういう話でしょうか」

そうとしか言いようがない。

話し終えたH治さんに、私は率直に思ったままを質問した。

「いや、それが、分かんないの。確かに今改めて考えるとその通りなんだけど」

どういうことだろう。

頭の中が疑問符でいっぱいになってしまった私に向けて、H治さんがもう一言だけ続けた。

「何しろ、三十年以上も前の話だから」

陥穽《かんせい》

南アルプスの山小屋で一緒になった単独登山者のS根さんは、いかにも慣れたふうに登山ルートのアドバイスをしてくれた。

「この一帯の山はあらかた登った感じですか?」

訊いてみると、

「まあ、一通りはね。まだ冬はやったことない山もあるけどね」

という。なんとも心強い答えである。

これ幸いと興味のある山についてのお話をいろいろと伺った。あの山はどの季節が良いとか、この山はここに絶景ポイントがあるとか、そういったことだ。

そんな普通の「山の世間話」のような会話を続けながら、頃合いを見て怪談話のほうへも水を向けてみた。

「なんか、一人で山を登ってるとたまに変なことありませんか？　たとえば……」

いくつか簡単な山の怪談を話すと、

「ああ、あるある！　そういえばオレさあ、一度怖いことあったのよ！　だいぶ前だけど、夏山も終わってしばらく、ってくらいのころでさ……」

打てば響くとばかりに、S根さんの不思議な体験談が始まった。


テントを担いでの縦走登山で、山に入って三日目のことだったそうだ。

その日は朝からどんよりと曇っていて、登山道は靄に覆われていた。

慎重に歩いていたつもりだったが、疲労のせいか何度も道を見失いそうになる。

いつの間にか藪の中に入っているのに気付いては慌てて登山道に戻る、というようなことを繰り返した。

そうこうしているうちに幅広く比較的明瞭な道に出て、それまでの遅れを取り戻そうと無意識に早足になる。

十五分ほど歩くうち、また道が狭くなってきた。何かおかしい、と思ったときには遅かった。周囲は同じような木々に囲まれており、道の先は生い茂る草の中に消えている。振り向くと今まで来た道もぼんやりとしか分からない。登山道と獣道が交差していて、誤って獣道のほうに入ってしまったようだ。

霧もあって今ひとつ方向がはっきりしないが、とにかく元来たほうへ戻ろうと足を踏み出した。

すぐに、しまったと思った。

足が地面に着地する感触がない。

厚く堆積した落ち葉の層を踏み抜いたのだと分かった次の瞬間、身体が胸のところまで埋もれた。

落とし穴のような地形に填まったのだと考える間もなく、頭まで落ち葉の中に沈んでしまった。


気がつくと、緩い斜面の上でうつ伏せに倒れていた。転がり落ちてきたのだと思えるが、上方を見ても落ち葉の積もった斜面が続くばかりだ。

途方に暮れてその場を動けずにいると、微かに水流の音が聞こえてくる。

こうした道迷いの際には川へは近付かないのがセオリーである。が、このときのS根さんは、気が動転していた。川があれば、地図から現在位置が分かるかもしれない。そのときはそれがいい考えのように思えて、吸い寄せられるように水音のほうへ向かってしまったのだそうだ。

歩き始めるとすぐに、岩肌に溝を掘るように幅一メートルほどの川ができているのを見つけた。

傾斜はそこまでなく、注意深く行動していれば滑落の心配はなさそうだ。

地図を広げようとザックに手を伸ばしたところで、妙なことに気がついた。

川から湯気が立ち昇っている。

最初は靄がそのように見えているのだろうと思ったが、近づくと熱気が感じられる。

周囲の気温は肌寒いほどだったので、はっきりと分かる。

温泉などの火山活動だろうか？

にしても、今登っているこの山が火山だなんて聞いたことがない。川になるほどの温泉が突然湧いているなんてことがあり得るだろうか？

不思議に思いながら、手を浸してみる。

すると更に奇妙なことが分かった。

斜面の上のほうから流れてくる水流を手のひらで受け止めるように手を差し入れたが、手の甲側に水しぶきが立っている。

水が下から上に流れているのだ。

S根さんはいよいよ自分の頭がどうかしてしまったのかと疑い始めた。

とはいえ、目の前の不可思議について考えていても混乱が深まるばかりで、事態は好転しない。周囲の状況を今一度確認しようと、立ち上がった。

川向こうの木々の間に人の後ろ姿が見えた。

霧で薄ぼんやりとしているが、大きなザックを背負ったシルエットだ。

登山者のようだ。助かった。

何度か呼びかけてみるが、なかなかこちらに気付いてくれない。

仕方なく、足を滑らさないよう慎重に川を渡ると、人影の元へ駆け寄った。

「すんません、迷っちまって……」

後ろからしがみつくようにザックに手をかけ、改めて呼びかける。

「あのう……」

息を整えながら顔を上げる。手をつきながら話かけていた相手は、枯れ果てた樹木だった。話には聞いたことがあったが、山の中での幻覚を体験するのは初めてだ。これはもう駄目だと思った。

頭では、あてもなく動き回るのは得策ではないと分かっている。にも拘わらず、その場にただ留まることに強い不安を感じて、あてどなく歩を進めた。

どうも片耳に重りが入ったかのように体がふらつく。うまくバランスがとれない。不安定な吊橋を渡っているような気分だ。

おまけに斜面は斜度を増していくように思える。

目眩のような感覚がやってきたかと思うと、派手に転倒していた。

脳が激しく揺れるような感覚を覚え、一瞬ののち、視界が激しく回転した。

斜面を転がり落ちている。

いや、違う。

転げながら、斜面を登っている。

なぜそのことが分かったかといえば、上方へと転がっていく自分の姿が見えたからだ。

幽体離脱でもしたかのように、意識だけが最初に転倒した位置に留まっている。見慣れた防寒具、ニットキャップ、ザック……それらを身に付けた自分の体だけが、斜面の上方へと「転落」していく。

あっという間に霧の向こうへ消えていくその姿を見つめながら、視界が急激に狭まるのを感じた。


痺れるような痛みで目を覚ました。全身の関節という関節が悲鳴を上げているのだ。

反射的に立ち上がろうとしたが体が持ち上がらない。胸に圧迫感がある。手で触れてみる。

何のことはない、シートベルトだ。

シートベルトを締めたまま自分の車の運転席に座っている。

何度か深呼吸してから窓の外を見ると、登山口のそばの駐車場だと分かる。

夢だったのか？　どこからが夢だった？

腕時計を確認すると、日付は変わっていない。時刻は十六時頃で、ちょうど下山を予定していた時間帯だ。外はしとしとと雨が降っていて、身に付けた防寒着はびっしょりと濡れている。車に戻ってそんなに経っていないということだろうか。

車体後部のトランクを開けてザックを確認する。ひどく汚れて泥と落ち葉が中まで入り込んでいた。

落ち着くまで駐車場で休憩してから、釈然としないまま帰宅した。

「家でシャワー浴びるとき、えれぇチクチクしてよ。鏡見たら、全身アザだらけなんだな。いや、ひでえ目に遭ったよ」

なんだか狐狸に化かされたような話だな、と内心思ったが、それは体験を矮小化する物言いのように思えて、口に出さなかった。

代わりにお決まりの問いかけでお茶を濁す。

「でも、そんな目に遭っても……？」

山で怖い目に遭ったという人に話を聞くと、最後にはかなりの確率で同じようなことを言う。

S根さんももちろん、ニヤッと笑って食い気味に言うのだ。

「また登っちまうんだよなあ」

コーマトリアム

四十代の女性Ｊさんの職場は、繁華街の中にある。その日も仕事を終えて通りに出ると、立ち並ぶ雑居ビルの間を色とりどりのネオンが飾っている。彼女と同じように仕事を終えた人々が行き交う中、居酒屋の呼び込みが声を張り上げている。

見慣れた光景だ。

駅へ向かおうと通りの延びた方へ目をやると、奇妙なものが見えた。

進行方向の先に建つ大きなビルの屋上に看板がある。

今は広告が入っていないようで、看板は真っ白だ。

それを下から四つのスポットライトが照らしている。

妙なのはそのスポットライトだ。

真っ黒で形もまちまちで、人間の後頭部のように見える。

その看板とスポットライト自体は普段から目にしている。ライトに何かの装飾が施されたところなど見たことがなかったし、仮に装飾だとしても、人の頭を模すとは奇妙にも程がある。

後ろから見れば人の頭にしか見えないそれらだが、ライトとしての機能は果たしているらしく、白い看板に向けて光が照射されている。どのように光が出ているのかこちら側からは窺えない。ただ、並んだ頭の目や口から光が伸びている絵面が容易にイメージできる。それは不気味とか怖いとかいうよりは、シュールな光景に思えた。

Jさんは目にしているものの意味を測りかね、しばらく看板とスポットライトのほうを見つめていた。

ふと自分に向けられる視線を感じてはっと我に返る。

人が行き交う中ずっと立ち止まっていたら通行の邪魔だし、じっと遠くのほうを見上げていたので変に思われたかもしれない。

そう思いつつ、反射的に視線を感じた方に目を向けた。

五メートルほど先の雑居ビルの入口に、長いコートを着て眼鏡をかけたサラリーマン風の男が立っている。そのビルは数年前にボヤ騒ぎがあって以来使われていないはずだ。人が出てくるのは奇妙に思える。

サラリーマン風の男はこちらをしばらくじっと見ていたが、Ｊさんが視線を返したのに気付くと、気まずかったのかこちらに背を向けて足早に歩きだした。

ところが、男はこちらを何度も振り返ってくる。

まるで追いかけられて文句を言われるのを警戒しているような素振りだ。こちらとしては全くそんなつもりはなく、心外なことこの上ない。

男は肩から上だけで振り向きながら歩いているので、周囲の人に何度もぶつかりそうになっている。

危ないな、と思っていると、重い金属音とともに男の姿が視界から消えた。

遅れて長いクラクションの音が聞こえて、信号待ちをしていた人々のざわめきが伝わってくる。

男が車に轢かれたのだと分かった。

ちょうど通りが幹線道路と交差した場所だった。

看板を照らすスポットライトが人の頭に見えたことと事故の間には一見関連性がなく、少し捉えどころのない話に思える。

そんな感想を素直に伝えると、Ｊさんは、

「ううん、スポットライトのことよりも不思議だったことがあって。その、事故の直前まで男がこっちを振り返ってたんだけど、最後に首が真後ろまで回ってこっちを見てたのよ。体は前に向かってまっすぐ歩いてるのにね。フクロウって首がぐるぐる回るでしょ。あんな感じ」

そう言って話を結んだ。

啓発

休暇などを利用して泊まり込みの短期集中で講習を受ける、いわゆる「免許合宿」での不思議な体験を、Ｉさんという男性から聞くことができた。

大学四年の春休みのことだったそうだ。

Ｉさんが向かったのは、関東地方の中でも首都圏からは少し遠く、行くには新幹線や深夜バスを使う必要のある立地の自動車学校である。

周囲には商業施設もポツリポツリとしかなく、そんな建物が身を寄せ合うようにひしめく町の中心部から少し離れれば、平野の中を太い道路だけが走る光景が現れる。

良く言えば免許取得に集中できる、悪く言えば何もないところだった。

Iさんは駅前のビジネスホテルに泊まり込み、二週間に渡って免許取得のためのカリキュラムに励んだ。

地方の自動車学校ゆえなのか、Iさんの他に来ているのは上下スウェットで講習に現れるヤンキーや、何の仕事をしているのか分からない髭もじゃのおじさんばかりだ。同じ車に乗り込み交代で運転する「高速道路教習」の時間などはとても辛かったが、それだけ「早く試験をパスして地元に帰ろう」と思うモチベーションにもなった。

そうしてIさんは幾多の試練を乗り越え、仮免許授与まで漕ぎつけた。

授与はそれまでも普通に学科試験などで使っていた教室で行われたが、その際に免許取得にあたっての啓発ビデオとスライドを見ることになった。

教室の明かりが落とされ、前方のスクリーンにスライドが映写される。

内容は、事故現場や事故車の写真である。

これがかなり生々しい。こういったものは全国共通の資料を使うものと思っていたが、違うらしい。何というか「何も加工していない」という感じの写真なのである。

白いセダンは、ボディ横が電柱でえぐられるようにひしゃげている。

スライドが切り替わると、運転席が真っ黒に焦げつき元の形も分からなくなったようなワゴン車が映った。

フロントガラスが内側から爆発したように飛び散り、ボンネット上に何かを引き摺ったような太い真っ赤な筋が走っている、という写真もある。

トラックに挟まれた軽自動車は、元の車体の半分ほどの大きさまでプレスされた状態になっている。

一応自動車学校の教官が映写機を操作しているはずだが、コメントも何もなく無言のままだ。

重苦しく異様な空気のままスライドが終わり、今度はドラマ仕立てのビデオが始まった。

新しく免許を取得した若者が浮かれてドライブに行った先で事故を起こしてしまう。そんなありきたりの内容だ。

教習ビデオなのだから当たり前とも言えるが、この若者、妙に運転ミスが多い。その度にテロップで簡単な説明が入る。

そうして映像は事故のシーンに差し掛かる。

よそ見をしていて目の前を横断する母子に気付かず、ハンドルを切るも間に合わずに轢いてしまうのである。

病院で目覚めた若者のところに警察がやって来て、轢いてしまった母子二人とも亡くなったことを告げられる。

ここからが妙なところだった。

若者は事故後の裁判や賠償の手続きをする中で自責に耐えられなくなる。自宅で首を吊って自ら命を絶ってしまうのである。

この後半部分にかけてはテロップもなく、事の推移が淡々と描写されるだけだった。

ただただ悲惨な内容の啓発ビデオが終わり、教室の中は静まり返っている。

と、再びスライドが始まった。

これが、先ほどの啓発ビデオに登場していた同じ車種の、事故後の様子を映したものだった。車体の色も同じだ。現場検証の後なのか、地面にチョークで引かれた何かの線や、番号の入った小さな立て札が生々しい。

角度を変えて、何枚かのスライドが切り替わっていく。

あのビデオ、実話だったのか？　ちょっと悪趣味すぎはしないか？

Ｉさんが呆気に取られていると、スクリーンが真っ黒になり、ついで最後のスライドが映し出された。

先ほどのビデオの若者がアパートのベランダで首を吊っている。その姿を背後から捉えた写真だった。


それを見たＩさんは頭が重くなってぼんやりとしてしまい、それから本免許を発行するまでの記憶も途切れ途切れなのだそうだ。

そんなＩさんが最後に免許証を見せながら、

「そんなことがあったから、せっかく取ったのに未だにペーパーでゴールド免許なんだよね」

と、そう教えてくれた。

パネル

Oさんという男性が大学院生のときの話。

アルバイトに向かう途中、ふと視界の中で何か引っかかる感じがあって、道路脇のビルを見上げた。

茶色の建物で、こちらを向いて一面に窓が並んでいる。ほとんどの部屋でカーテンが閉まっているので開いている数部屋が目立つ。そのようなカーテンの開いた部屋の中で、四階のある一室に目が留まった。窓の中に立っている人影が見えたからだ。

もっとも、人影は「人」ではないということはすぐに分かった。

顔のところが丸くくり抜かれているからである。

あれは人ではなくて、観光地や映画館などの記念撮影スポットにある「等身大パネル」だ。少し角度を変えて眺めると、結構厚みのある発泡スチロール素材だということまで見てとれる。

ただ、ここは観光地ではなくて、ごく普通の街中の駅前である。パネルが設置される理由がない。それにもっと奇妙だったのは、パネルの服装に見覚えがあったことだ。

アースカラーのワイドパンツに長めのカーディガンというそれは、Oさんの当時付き合っていた恋人が好んでしていたファッションだった。

顔はないとはいえ、明るいカラーで肩までの長さの髪型も同じなので、「当時の恋人を象ったパネル」だとしか思えなかったという。

まじまじとそれを眺めていると、突然部屋のカーテンが両側から閉まった。カーテンの端を掴む手が一瞬見える。墨でも塗ったかのような真っ黒の大きな手だったそうだ。

それを目にしたOさんは急に怖くなって、すぐにその場を立ち去ることにした。その際に視線が自然とビルの入口に向いて、ビルがラブホテルだったということに気付いた。

「ただ困ったのはそれからで」とOさんは言う。

「そのときから彼女のことがどうにも信用できなくなっちゃったんですよね」

それはしっかりした根拠のある、理性からくる判断ではないと自分でも分かっている。それでも、恋人のどんな言葉も空々しい嘘のように聞こえてしまう。影では自分を裏切っているのではないかと思えて仕方がない。

結局、Oさんの方から別れを切り出した。

恋人と別れてからしばらく経ったある朝、例のラブホテルの前を通ると、半透明のゴミ袋がいくつか建物の前に出してある。

そのうちのひとつに、細かく折られたパネルらしきものの残骸が入れられているのが見えた。袋の内側がなぜか赤茶けた液体で汚れていて、中に入っているのがあの「恋人を象ったパネル」なのかは判然としない。

近付こうとして、上のほうから、ジャッ、と音がしたのに気付いた。

見ると、四階の例の部屋のカーテンが数十センチ開いている。

電気は点いていないらしく、部屋の中は薄暗い。

数秒してから、真っ黒い手が現れてカーテンの端を掴むと、静かに閉じていく。そのときに、部屋の中に黒い人影が見えた。影になっていて暗かったということではなくて、炭を削って作った人形のような、いびつな人型のシルエットの黒い塊だったそうだ。

Oさんは建物の前のゴミ袋の中身を確かめるのもやめて、すぐにその場を離れたという。

裏々ビデオ

九十年代の初頭には、今のような映像／音楽ソフトのレンタルの大型全国チェーン店というのはほとんどなかったように記憶している。

ＶＨＳ全盛の時代、それらの代わりに幅を利かせていたのは、個人経営ないし地域型の小規模チェーンのビデオレンタル店だった。

私も幼い頃、父に連れられてそういった店をよく訪れていた。

目当ての特撮やアクション映画のビデオを探すのだが、背の高い棚で入り組んだ売場は子供心には迷路のように感じられたものだ。大人同伴でなければ入れない〝いかがわしい店〟というようなイメージを抱いていたのを思い出す。

今から二十余年前、そんな個人経営のビデオレンタル店でアルバイトをしていたＫ淵さんの話だ。

この店は基本的に二人体制でシフトを回しており、K淵さんの入っていた夜の時間帯もそれは同じだった。

K淵さんは、一緒にシフトに入る先輩から以下のような事を言われていた。

「お客さんから、ここにないやつを見たいんですけど、って言われたら、おれを呼んで」

ここにないやつ、とは何だろう。在庫のビデオがすべて店頭に並ばないから、バックヤードの倉庫にしまっているのか。

実際に店に立っていると、その注文をしてくる客はポツポツといる。

そのたび先輩は店の奥から持ってきたファイルを客に手渡し、客はレジカウンターの脇に縮こまってそのファイルを開くのだった。

それから先輩は少し客と話して、店の奥からビデオを持ってやってくる。

バイトにも慣れたある日、大雨で店が閑古鳥のときの話だ。

「じゃ、Kちゃんにもアレ教えようか」

先輩がそんなことを言った。

「店に出してないビデオの話だよ」

そう言って店のバックヤード奥の扉の鍵を慣れた手つきで開け、K淵さんを招き入れた。

そこには二メートルほどの高さの細い棚が二本入っていて、ビデオがみっしりと詰まっていた。


K淵さんは好奇心を抑えきれず、早速気になっていたところを尋ねてみた。

「やっぱこれ……、いかがわしいビデオなんですよね？」

先輩は、それもあるけど、といってこのように続けた。

「これはさ、正規で出たビデオじゃない、素人の撮ったもんなんよ」

先輩が指差したので改めて棚を見ると、ビデオのパッケージはどれも灰色で同じだが、赤いビニールテープがラベルの下方に貼ってある。最上部の二段だけが別で、こちらには黒いビニールテープが貼ってある。また、この二段だけガラス戸がついている。

「料金表がこれなんだけど……」

そのとき教えられた金額をK淵さんは細かく思い出せないが、赤のビデオがざっくりと店頭で普通に扱うビデオの倍ほど、黒のほうは更にもう少し高い料金設定がされていたそうだ。

「Kちゃんさ、プロがちゃんと作ったものより素人が撮ったまんまのほうが価値が出るもんって何か分かる?」

それはやっぱ……エロいやつとか……とK淵さんが答えると、先輩は、はは、それもそうだけど、と笑って、こう答えた。

「コレよ、コレ」

両手を揃えて胸の前にぶら下げ、言った。

オバケのビデオだよ。

赤いビデオがエロいビデオ。

黒いビデオがオバケのビデオ。

どっちもホンモノなのかは分かんないけどさ、高い金払っても見たいやつがいんのよ。

先輩がそんな話をしばらくして、最後に付け加えた言葉をK淵さんは忘れることができないという。

「黒いビデオ、なんでこんな高いかってぇとさ。貸すと返って来ないってのが結構あるみたいなんだよな。それでモトとるための料金設定なの」


K淵さんはその店で働いた間、黒いビデオを客に貸すこともあったが、その中で一度、実際に期限を過ぎても返却されてこないことがあった。

その客には電話をしても不通で、返却催促のハガキを出しても宛先不明で戻ってきてしまった。

それを店長に報告してしばらくすると、例の棚に新しく黒いビデオが補充されていたそうだ。

幽霊じゃないんで

友人たちと深夜から車を走らせて、湖に遊びに行ったときのことだという。

道の両側には杉林が広がっている。背の高い木々の隙間から、昇ったばかりの陽の光が優しく射し込んでくる。森は静かで、車内は音楽もかけていなかったから、ただ控えめな車のエンジン音だけが響く。

男ばかり四人のいつものメンバーで、仕事終わりにそのまま合流した二人は眠っている。カタヤさんは後部座席でビデオカメラを回して車外の風景や友人たちの姿を撮影していたそうだ。

一度木々の間に鹿らしき動物が見えたが、カメラで捉えそこなってしまった。

なので、運転している友人にスピードを落とすように言って、今度こそと注意深く窓の外を観察していた。

「んっ？」

道路脇の森、少し先のところに真っ白なものが見える。

道路側から森の中に数メートル入ったあたりの位置だ。何だろうと思いカメラを向けた。

あっという間に車はその真横を通過して、白いものは窓の外を後ろへと流れていき、視界から消えた。

「どした、なんかいたのか」

運転している友人が声をかけてきた。

カタヤさんはすぐには答えられなかった。

「……ちょっとよく分かんなかったから、あとで撮ったやつ見てみるわ」

結局そんなふうにごまかした。

今見たものをどう説明すればいいか分からなかったのだ。

言えるわけがない。

幽霊みたいなものがいた、などと。

「いや、これ、単に人がいただけだろ」

湖畔の駐車場に到着し、新鮮な空気を吸うために全員で車の外に出ると、すぐに先ほどの映像を確認する流れになった。友人たちから出た意見は、単に生きている人間が映ったにすぎないというものだ。

ハンディカムの小さな画面を皆で覗き込み、もう一度映像を再生してみる。

確かに森の中に女らしきものが立っているのが確認できる。

長袖の白いワンピースを身に着けており、両手をだらりと下げて立ち尽くしている。

荒れ放題の黒髪は胸の下あたりまで広がっており、うつむき気味で顔は確認できない。

真横を通り過ぎるとき、こちらを追うように少し体を回転させているのが分かる。

「だからこの白いのは寝間着でさ。外の空気でも吸おうと思って、起き抜けのボサボサ頭のまま出て来ちゃったんだろうな」

「そのへんにコテージとか、別荘とかいろいろ建ってるだろ。カタヤ、ビビりすぎだって」

「もしかしたらオレらみたいなのビビらせようと思って、面白がってこういうことやってんのかもな」

友人たちから口々にそんな風に言われて、カタヤさんも自分が間違っているような気がしてきた。

「だから、結局それ幽霊じゃなかったんですよね。やっぱ幽霊とか、いないんじゃないですか」

カタヤさんがそう話を結ぼうとしたので、思わず、えっ？　と声に出してしまった。

すると、

「いや、だから見てくださいって。見たら分かりますって」

そう言って肩掛けカバンの中からハンディカムを取り出した。

あ、えっ？　ともう一度言ってしまった。はじめから映像を見せるつもりで、カメラを持ってきていたようだ。

想定外の展開に唖然とする私の前でカタヤさんはカメラを少し操作すると、「これです」とこちらに渡して寄越した。

「ここ押すと再生です」

という。

映像には、先ほどカタヤさんが話した通りのものが映っている。

車の揺れからくる画面のブレで不明瞭なところはあるが、確かに森の中に人が立っている。

その人の姿が映像に映り始めた時点では、特におかしいところは感じられない。佇まいこそ不気味ではあるが、普通に人間が立っているだけ、と思えなくもない。しかし、車でその真横を通過するときの映像にはかなりの違和感がある。それなりに近い距離とはいえ、件の人の胸から上が映像から見切れている。どうにも身長が高すぎる。

喩えるなら歪んだ鏡を覗き込んでいるかのような、不思議な印象を与えてくる。

そのあたりをどう思うのか伺おうとすると、カタヤさんが、

「で、これはその部分をスロー再生したものです」

と、別の映像を見せてくる。

言葉の通り先ほどの映像を三分の一ほどの速度にしたものだ。音声はなくなっている。

「実在感があるっていうか、どう見ても人じゃないですか」

ハンディカムの小さな画面ではなんとも言えない。

そんな私の感想が表情に出ていたのか、カタヤさんはカバンに手を入れると、Ｂ５ほどのサイズのタブレットを取り出した。

「……まあ、それじゃちょっと分かりにくいとこはありますよね。なんで、これが……」

タブレットのタッチスクリーンを少し操作してから画面をこちらに向けて、

「拡大して、その人だけ映像から切り抜いたやつです」

真っ黒な背景の上に、長袖のワンピースを身に着けた女性らしき姿が映し出されている。拡大したためか映像は荒く、のっぺりした印象だ。

「一応、音声がこれです」

音声ファイルを再生し始める。

が、車の走行音とおぼしきノイズに呼吸音が被さったような、正直なところ不明瞭な内容だ。そもそも、なぜ音声を聞かせてくるのかもよく分からない。

カタヤさんはため息をつくと、

「これは、白黒に加工した映像。こっちは、赤をカットした映像です。しっかり映ってますよね」

続けざまに映像を見せてくる。

「これは、俺のほうで再現して作ってみた映像です」

車から撮ったものでなく、定点から普通に森を撮影した映像が始まった。

ポッ、と真ん中に人影が現れた。

白いワンピース姿の女性だ。うつむいている。

それはなんと言うか、「粗製濫造されている低予算の心霊ドキュメンタリービデオ」そのままの、「明らかにCGで付け足した幽霊」である。

「幽霊だったらこんな感じに映ると思うんですけど、さっきの映像とは違いますよね」

タブレット上で、別の映像が始まった。

再び、何も加工していない最初の状態の映像だ。

ただ、件の女性らしき姿の写った箇所が繰り返し繰り返し流れている。

「拡大すると、こんな感じです」

カタヤさんが画面を何度かタップすると、女性の顔のところに視点が寄っていく。

相変わらず表情は見えないが、緩く開いた口元の様子が窺える。

肌の色は油粘土のような灰色だ。

何度も、何度も、画面を通り過ぎるように、顔が繰り返し映る。

「やっぱどう見ても人間なんですよね……」

満足げにそう呟く。

何も言えなくなっている私の方を見もせずに、言葉を続けた。

「だからこれ、幽霊じゃないんで」


カタヤさんは「連絡先教えてくれたら、映像送りますから」と最後に声をかけてくれたが、大丈夫です、と断った。

正直なところかなり気味の悪い映像で、それを何度も見せられて気分が悪くなってしまったのだ。

当然だがカタヤさんとはそれっきりで、連絡も全く取っていない。

今でもあの映像がふと脳裏をよぎることがある。見たばかりのときは夢にも出てきたくらいだ。

カタヤさんと並んでハンディカムを覗き込み、件の映像を見ている。

そのうちに視点がズームしていって、視界があの映像でいっぱいになる。

そんな夢である。

そういったわけなので、ものの本で読んだ「トラウマは忘れようと努めるよりも正面から向き合ったほうが克服できる」という記述を信じて、今ここでこの話を記している。

一気に忘れるまでとはいかなくとも、記憶の中の映像の印象が無害なものにまで薄まれば良いと思っている。

獣

I美さんは小学生の頃、毎年夏休みに一家四人で母の実家を訪れると、必ず墓参りに行っていた。

母の実家から車で一時間ほど行ったところ、山の斜面がそのまま墓地になっているような場所で、周囲は雑木林になっており、ほとんど自然のままといった景色だ。

見渡す限り人家も見当たらない。木々の緑の中、ただ蝉の声だけがこだましている。

I美さんはそこで、毎年のように異様なものを見たのだという。


例えばこんなことがあった。

墓地の入口に水汲み場があり、柄杓《ひしゃく》や桶の並んだ棚が設《しつら》えてある。棚は木組みの簡単なものでて、三段になっており、最上部に小さな屋根が備えられている。

その棚の最上段の端。

灰色がかって薄汚れた頭蓋骨が置かれている。

ところどころ欠け、眼窩に蜘蛛の巣が張っている。

ただ、幼かったI美さんは（お墓だからこういうものもあるのかな）という程度の感想しか抱かなかった。


別の年のことだ。

家族は墓前の花を新しいものに換え、墓石を水洗いしている。

「I美ちゃんも手合わせな」と、それくらいは言われるが、彼女にとってはほとんどは退屈な時間だ。

手持ち無沙汰になったI美さんは、なんとなく家の墓の裏に回ってみた。ひとつ後ろの敷地に時代がかったぼろぼろの墓石が建っている。全体的に荒れていて、訪れる人もいないのだろうと思わせる。木陰になったその敷地に上がると、真っ黒な墓石の表面に自分の家と同じ苗字が刻まれているのが見えた。

ふと墓石の裏からざりざりと音がする。

そちらに目をやると、赤黒くなった人間の腕が転がっている。

太い大人の男の腕に見える。肘のあたりで切り落とされているような形だが、切断面に当たる箇所は墓石の後ろに入っていて、どうなっているのか分からない。

と、「他所のお墓に入っちゃ駄目よ」という母親の声に弾かれたように振り向く。

もう一度墓石の方に視線を戻すが、腕は消えていた。


小学校最後の年、I美さんは例年のように墓地を訪れた。

やはり退屈になって、墓地を上へと登ってみた。

墓地の斜面の一番上から山頂方面を見上げると、しばらく平原が続き、その先を覆うように鬱蒼とした林が広がっている。

なんとなくそちらを眺めていたときのことだ。

木々の合間に大きな黒い獣の姿を見つけた。

熊だ。

熊が二本足で立ち、こちらをじっと見ている。

身体を支えるように前足が両脇の木に伸びて、奇妙にバランスを欠いたシルエットを作り出している。濃い黒色の体毛は、森の中を闇でくり抜いたかのようだ。図鑑や絵本で見るのとは似ても似つかぬ姿だった。

これは恐ろしく感じたI美さんだが、なぜか「相手に気付いていないと思わせれば大丈夫だ」と考えて、内心とは裏腹に、「そこには何もいない」という風に振る舞ったという。面白いものなど何もなかった、というような表情を繕って家族の元へと戻る間、ずっと背中に強烈な視線を感じていた。

結局そのあと何かが起こったわけでもなく、また家族が熊に気付いた様子もなかった。帰り際、車の中から林を見上げると、風が暗緑色の葉をざわざわと大きく揺らしていた。林全体がひそひそ笑いをしているようだった。

成人してから、亡くなった祖母の葬儀のため、再び家族で母の実家に集まった。姉と話していて自然とそこでの思い出話になったので、墓参りで自分が見たものについて話してみた。

頭蓋骨の話。赤黒い腕の話。

姉は「そんなこと、あるわけないじゃん。お化けが見えるとか言いたいわけ?」と笑って否定してくる。

そこで、「もうひとつあってさ」と続けて熊の話をした。

話し終わっても否定も肯定も返ってこないので不思議に思い、真横の姉の顔を覗き込む。

姉もこちらをじっと見ていた。

無表情のままこちらに顔をぐっと近付け、

「それねえ。熊じゃなくて、あたしだよ」

と小声で言った。

言葉の意味を掴みかね、唖然としていると、姉のスマホが鳴った。

「お母さんからだ」と電話を取って、幾つか相槌を打ち、「すぐ行くから」と簡単に通話を切り上げる。スマホをバッグにしまう際、一瞬、待ち受け画面が目に入った。

古びた墓石の陰から赤黒い腕が覗いている、そんな写真が確かに見えたそうである。

「思えばあの熊を見た年だけ、姉がいなかったんですね。中学に上がって部活が忙しくなったせい、と思ってたんですが……」

今では姉とは互いの住まいも遠く、仕事の休みも違う。何よりあの日の会話がI美さんの中で妙に引っかかってしまい、もう何年も会っていない。

それを無意識に気に病んでいるということなのか、あの熊を見た日のことが何度か夢に出てきたという。

その夢の中で、林の木々の間に立っているのは熊ではなくて姉だ。

土埃でところどころ汚れた学校制服を着ている。

薄暗いので表情は分からない。

I美さんはやはり、そこには何もいない、という風に振る舞う。

背中に姉の視線を感じながら、ただ早く墓参りが終わるのを待っている。

「全然関係ないかもしれないですけど」

前置きして、I美さんは姉について最近あったことをもうひとつ話してくれた。

「電話かかって来たんですよね。日付変わるくらいの時間で。事故とか何かあったんじゃないかと思って、すぐ取ったんです。そしたら凄い酔っぱらってて、もう半分くらい何言ってるか分かんないんですけど。意味が分かるところだけ繋ぎ合わせると、どうも、今つきあってる男の人は奥さんもお子さんもいる、どうしよう？　みたいな話なんですよ。しかも話してるうちに泣きだしちゃって。その泣き声が段々獣の唸り声みたいに聞こえてきて、電話の向こうにいるのもあの熊なんだってイメージが浮かんできて。それで怖くて電話切っちゃって……」

それきりなんです、とI美さんは泣き笑いのような表情で口を結んだ。

暗黒

Fさんという女性から伺った話だ。中学一年生のときのことだという。

「ぜんぜん、コワくねーし！　おれ、一人でもいけたし！」

興奮に頬を上気させた弟が、母親に話しかけている。

母親は、ほんとかなー？　などと笑いながら答える。

二人でお化け屋敷に入ってきたのだ。

この日Fさんは、小学二年生の弟と母親との三人で遊園地に来ていた。

数日前の夜、「あんたも行くでしょ？」と母親から声をかけられたFさんは、「ま、ヒマだし」と表面上は興味なさげに振る舞っていたが、内心この日をとても楽しみにしていた。

母親は弟のほうの面倒を見る関係上、Fさんには単独行動の自由が与えられていたからだ。

遊園地で一人で好きに遊べる。

こんなことは生まれて初めてだった。

そうして昼食を挟んで午後も数時間遊び、主だったアトラクションは制覇したFさんだが、二の足を踏んでいたのがお化け屋敷だ。

これまでの人生で、いわゆるお化け屋敷に入ったことは一度もなかった。興味はあるが、やはり怖い。

それでもこの日はお化け屋敷デビューを果たそうと思っていた。

この決意をしたのには理由がある。この遊園地のお化け屋敷が現在行っているキャンペーンというのが、それだ。

期間限定の人気アニメとのコラボレーションお化け屋敷。

これならきっと大して怖くないだろう。たとえ考えていた以上に子ども向けの内容だったとしても別にいい。最初の一歩って、きっとそういうものだ。

そう自分に言い聞かせて、しかし事に当たって万全を期そうと、お化け屋敷の前で出てきた客たちの反応を観察していた。

そこにちょうど母親と弟が出てきて、冒頭の場面になった。

「ね、そろそろおやつにしよっか。あたしたち何か食べにいくけど……」

あんたはどうする？　と母親が視線で問いかけてくる。無理に誘うようなことをしないのは、母親もFさんが微妙な年ごろだということを察しているのだ。

「もうちょっと遊んでくる」

目を合わせないままそう答えて、少し周囲をうろうろしてから、いよいよ決心してお化け屋敷のほうへ近づいていった。

弟でもあの様子なのだから、自分一人だって全然平気のはずだ。

そう思っていた。

フリーパスを提示して係員に案内され、古民家の土間のような空間に足を踏み入れた。

「では、行ってらっしゃい」

係員が扉を閉めて去っていくと、お化け屋敷の世界観を説明する音声が流れ始めた。アニメとのコラボレーションなので、ドラマ仕立てのキャラクター同士の掛け合いだ。正直なところ、おどろおどろしいような雰囲気は全くない。

音声が終わって、先に進むことになった。

入場のときに渡された鍵を使って格子戸を模した扉を開けると、先は直線の通路になっている。突き当たりで直角の曲がり角になっていて、先は見えない。打ちっぱなしのような灰色一色の無機質な壁は、さきほどの部屋の印象とギャップがある。

角を曲がってすぐ目の前に、再び格子戸が現れた。いよいよ始まるんだ。大丈夫という気持ちと、無視してもしきれない不安感の両方が胸の中にあった。

えい！　と気合いを入れて戸を開いてすぐに、妙だなと思った。

暗い。異様なほど暗いのだ。

古い学校の廊下のような木造建築の通路が続いているが、先が見えない。先ほどの格子戸から漏れる明かりのほかに照明がないようだ。このときには雰囲気に呑まれて別段おかしいと思わなかったが、ＢＧＭのようなものもなく、他の利用客の声や足音も聞こえなかったという。

とはいえお化け屋敷が初めてなので、こういうものなのか、と思いながら先に進むことにする。

暗いので片方の壁に手をつきながら進むが、そのうちに周囲が本当に真っ暗になってしまった。何も見えないので聴覚が鋭敏になって、自分の足音だけが反響しているのが聞こえる。

入口に戻ろうかと思ったが、何度か曲がり角を曲がってしまっており、どちらから来たかも曖昧になっていた。

内心かなりの恐怖に襲われながらも、「迷路では片側の壁に手をつきながら進めばゴールに着く」という話を思い出して、早足でひたすら進み続けた。

お化けもコラボレーションのキャラクターも現れないというのも変だし、これはたぶん、何か良くない状況になってしまっている。

それを認めてしまうと恐怖が爆発しそうで、必死に何も考えないようにした。


広い部屋の壁際をぐるぐる回っているような気分になってきたあたりで、突然何かにぶつかった。

壁とは違う感触だ。柔らかい。それからすぐに、左手の手首を手で掴まれたのが分かった。人だ。衣擦れの音から、浴衣のような服を着ている人のイメージが浮かんだ。

もうお化け役のスタッフでもなんでもいい。

あの、迷っちゃって、出口が分からないんです、そう言おうと思ったが、舌がもつれて言葉にならない。

意思を伝えようとしばらく悪戦苦闘していると、ふいに手首を強く引かれた。どこかに誘導してくれているようだ。

たす、たす、という草履らしき足音が足元のほうから聞こえる。

そのまま一分ほど手を引かれるまま歩いて、その人が何も喋らないことを妙だなと思ったところ、手首にドアノブを掴まされた。金属の冷たい感触が伝わってくる。

ドアを開けると目の前に無機質な通路が続いている。

先ほどの人にお礼を言おうと振り向くと、後ろは墨で塗り潰したような真っ暗闇だった。

胸に不安が戻ってきて、一刻も早く外に出たくなり、通路を進む。

角を曲がると緑色の金属の扉があり、開けた先はもう外だった。眩しさに目の奥がズキンと痛んで、思わず瞼を閉じる。

後ろで、ガチャリ、とオートロックの掛かる音がした。


出てきたのはスタッフの利用する裏口のような扉で、なんとなく人に見つかるとまずい気がしたので、生け垣の下を潜って外に出た。

園内のカフェレストランで待つ母親と弟の元に着くと、Fさんが歩いてきた方向をちらりと見た母親が「あんたもしかして、お化け屋敷行ったの？」という。

だったら一緒に入ったら良かったのに、という母親の言葉に被せるように、

「なんか、すっごい暗くなかった？」

と訊くと、

「暗いってことないでしょ。最後まで電気点いてて、拍子抜けしちゃったわよ」

そう言って母親は訝しげな表情でFさんの顔を覗き込んでくる。

それから突然ニンマリと笑い、言った。

「あれ、もしかして怖かったのかな？」

その日以来Fさんは、しばらくギクシャクしていた母親と自然に話せるようになったそうだ。


翻って考えると、お化け屋敷でのことは、利用客用の順路でなく作業用のスペースに迷い込んだだけなのかもしれないとも思える。

ただ、腑に落ちない点もある。

外から建物を俯瞰したとき、Ｆさんがあの暗闇の中を歩いたほどの広さがあるようには見えなかったというのだ。

ましてや、他に利用客用の順路が収まっているなどとは、とても思えなかったそうである。

ラップの頭

Mさんの住むアパートはちょっとした高台となった一角に立っている。

周囲は他のアパートや戸建ての住宅が密集しているだけの場所で、スーパーや飲食店はない。

買い物などのたびに数十メートルの長さの急な階段を上り下りすることになる。


小雨降るある休日の午後のこと。

近所の牛丼チェーン店で弁当をウェブ注文したMさんは、受け取りの時間になったので店までの道を歩いていた。

初めて使う店だったので、スマホの地図アプリを見ながら向かう。普段使う階段と逆方向になるが、そちらにも別の階段を下っていくようになっている。

家から五分ほど歩くと急勾配の長い階段に辿り着いた。

降りた先は四車線の幹線道路になっていて、道を挟んだ向かいには大きな団地が見える。目的の牛丼屋はロードサイドの立地で、階段を下りてすぐのところにあった。

弁当を受け取って店から出ると、道路の向こうに団地の棟が巨大な壁のように聳《そび》えている。階段の上から見たときはそう感じなかったが、威圧感のある息苦しくなるような風景だ。

灰色の雲に覆われた陰鬱な天気もそんな印象を助長しているのかもしれない。


団地を眺めていて程なく、高層階の一室が目に留まった。

ベランダに、柵の高さギリギリまでみっしりとゴミ袋が積み上がっている。

ゴミ屋敷というのはよく聞くが、団地の一室がそのような状態になることがあるのだろうか。

ゴミが落下したら危険なように思うし、まわりの部屋の住人にも迷惑になるはずだ。

それだけで異様な光景だが、さらにおかしなことがあった。

ゴミの中から突き出すように、二体のマネキンらしきものが見えるのだ。

らしきもの、と思ったのは、頭の部分が透明なラップのようなものでぐるぐる巻きにされていて、見えないからだ。

片方は婦人服を身にまとっていて、もう片方は大きさからして子どもに思える。

婦人服の方は上半身だけ、子どものほうは肩口から上が、ゴミの合間から突き出るように見えている。

Mさんの位置からだと下から見上げる形になるので、細かいところが分からない。

先ほど使った階段の上から見ればベランダ全体の様子がよく分かるかもしれない。

そう思ったMさんは、少し早足に階段を上り始めた。


階段の三分の二あたりまで上ると、後ろを振り返ってみた。

狙い通り、先ほどのベランダの全体の様子がよく分かる。

やはりゴミ袋の合間から二体のマネキンらしきものが突き出しているのが見える。

婦人服のほうは桃色のカーディガンと白のブラウス。子どものほうは紺のブレザーを着ているようだ。

部屋の中の様子も分かるかと思ったが、カーテンが閉まっている。

住人はいるのだろうか、と思いながら、しばらくそれを見ていると、わずかに窓が開いた。

どんな人が住んでいるのか知りたくなったが、覗いているのがバレたら気まずい。

立ち去ろうかどうか逡巡し始めたところで後ろからポンと肩を叩かれた。

とっさのことに後ろを振り向くが、誰もいない。

そもそも急勾配の階段の途中だから、前を歩いている人の肩を叩くのは難しいはずだ。

一瞬でそこまで考えつつ、自然に視線が階段の上へと向いた。

階段の終端のところに転落防止の簡単な柵が立てられている。

その向こうにスーツ姿の人らしきものが佇んでいるのが見える。

頭の部分がラップのようなものでぐるぐる巻きになっている。

驚いて体が跳ねるように硬直したMさんは、すぐに自分の身体がバランスを崩して後ろに倒れていくのを感じた。

次に気がつくと病院にいた。

あのとき利用した牛丼屋の従業員が、階段の下で倒れていたMさんを見つけて救急車を呼んでくれたようだ。

幸いにも体に大事はなく、打撲などの軽傷で済んだ。

そのときの牛丼屋の従業員にお礼を言いたいと思ったが、どうにもあの階段を使うのが恐ろしくて、結局電話で感謝を伝えた。

「以前にも高齢の方があそこの階段で落っこちて、救急車を呼んだことがあったんですよ」

と教えてくれた。

いつかは直接伺いたいと考えつつも、あの牛丼屋へ向かうとどうしても件の団地も見ることになってしまうから、まだその勇気が出ないのだと、Mさんはそう語ってくれた。

ゲルニカ

「ゲルニカ」という絵画のことは、誰もが知っているはずだ。

ナチスドイツ軍に爆撃されるゲルニカという町を描いたもので、言うまでもなくパブロ・ピカソの代表作のひとつだ。

R央くんが中学時代の美術の授業でこの絵に初めて出会ったときの感想は、

「クソヤベえ」

というものだったという。

とはいえ、とくに美術方面の感性が豊かな人なら、「ゲルニカ」に対して「ヤバい」という感想を抱くことも、まああるだろう。これだけでは、この話をここで記す意図が伝わらなさそうだ。

なのでもうひとつ書くと、R央くんが「ゲルニカ」に対して次に抱いた感想は、

「めちゃくちゃ黒いな……」
というものだ。
これでも言葉が足りないかもしれない。
「ゲルニカ」を見て「黒い」と思う人は、それなりの数いるだろう。
だが、そういうことではないのだ。
R央くんの目を通して見た「ゲルニカ」は、文字通りの真っ黒だったのだ。

その日の美術の授業は珍しく実技がなく、最後まで座学だったそうだ。
内容は「ゲルニカ」の鑑賞とその背景の学習、ディスカッションだ。
まず美術資料集の指定のページを開くように言われた。
〈「ゲルニカ」パブロ・ピカソ 1937年〉
とある。
が、その上の四角い枠の中は黒塗りになっている。
ついで担当教諭の配ったA3サイズの藁半紙が前から回ってきた。
これもインクをベタ塗りしたように真っ黒である。

顔を上げると、どの生徒も一様に真っ黒のプリントを眺めている。異様な光景だ。

美術史にほとんど興味のないR央くんも、ピカソの絵の前衛的かつ独創的な手法は知っている。

なので、「ゲルニカ」というのはもしかしたらこういう絵なのか、とも思ったそうだ。

それと同時に、もしかすると「あれ」か、とも考えた。


R央くんは小学校の頃から、社会科系の授業で時折不思議に思うことがあった。

「原爆ドーム」や「アウシュビッツ」について書かれたページの写真は、なぜ真っ黒に塗り潰されているんだろう？　ということである。

それから学校で授業を受けるうち、それが「普通ではないこと」だということが分かってきた。

小テストの返却のときなど、周囲の友達と話していると、どうも彼らは「原爆ドーム」や「アウシュビッツ」の風景をきちんと認識しているようなのだ。

そうは言ってもR央くんの目からは写真は真っ黒にしか見えない。

友達の話す内容から想像するしか、それらの姿を窺い知る方法はなかったという。

話を「ゲルニカ」に戻す。

今まで「黒塗り」が現れるのはほとんど社会科系の教材の、それも写真についてだけだった。

美術で、しかも絵が「黒塗り」になるというのは初めてだ。

よほど不適切、不健全な絵ということなのか。

古代ギリシャの裸体像とか、もっと隠すべきものもあるのではないか。

そんな風に詮なきことを考えるものの、気になって仕方がない。

「ゲルニカ」とは一体どんな絵なのか。

資料集を頭からバラバラとめくってみたが、他に「黒塗り」になっている絵はないようだ。

ここまでの特権的な扱いなのだ。とんでもない絵に違いない。

そこで、隣席の友人に小声で話を振ってみた。

手元の真っ黒なプリントを指で弾きながら訊く。

「これ、結構すげえな」

もちろん本当に「すげえ」かはR央くんには分からないわけだが、これによって友人の感想を引き出そうとしたわけである。

ところが、そこで返ってきた言葉はR央くんを大いにがっかりさせた。

「そか？　焼きそばの上で踊ってるかつおぶしみたいだけどな」


そんなR央くんだが、今はもう、「黒塗り」を見ることはなくなった。

そのことに気付いたのは二十歳の頃、法事で祖父母の家に行ったときだ。

仏間の長押《なげし》のところに先祖代々の写真が並んでいる。

そこにひとつだけ、何も写真の入っていない額縁がある。額縁にはただ、真っ黒の台紙が入っている。いや、R央くんにはそのように見えていた。

その年初めて、長い口髭をたくわえた男の白黒写真が入っているのを見た。

写真を指差して父にその人物のことを訊くと、それはR央くんの曾お祖父さんにあたる人物だと教えてくれた。

従軍して、戦争が終わってからもしばらく戦地に留まり、どのようにしてかそこで財を成したのだという話を聞いた。

それで、空の額縁に見えたあれは「黒塗り」だったのだなと思ったそうである。


もうひとつの後日談がある。

祖父母の家での法事から帰ってしばらくしてからのことだ。

テレビで見た夏の心霊特番が思いのほか面白く、特に心霊写真のコーナーには興味を惹かれた。

それらの写真はなんとなく、R央くんが見ていたあの「黒塗り」と似た印象を抱かせるのだ。

番組が終わってから、インターネットで「怖い画像」を検索してみた。

「怖い絵画」というリンクに行き当たる。

ゴヤの有名な「我が子を食らうサトゥルヌス」がトップに掲げられたそのページを下にスクロールすると、次の画像が現れた。

それを見た瞬間、目の後ろあたりに氷を押し当てられたような鋭い感触があった。

その冷たさがじわりと広がったかと思うと、すぐさま、お腹から胸にかけて何かがせり上がってくる。

考えるより先にトイレに駆け込む。

先ほどテレビを見ながら食べていた夕食をすべて嘔吐してしまった。

もうお分かりかと思うが、その画像こそ、「ゲルニカ」だったというのである。

話し終えたR央くんは
「だから一回しか見てないですけど、やっぱヤベえ絵だな、って思いました」

と「ゲルニカ」の感想を教えてくれた。

「いい意味の〈ヤバい〉ですよ。すげえ〈強い〉絵だなって」

ネットで画像を見たきりということは知らないかもしれないと思い、マドリードの美術館に所蔵されている本物の「ゲルニカ」は幅約七メートルの巨大な絵画だということを教えてあげた。

「ええー……。すげー見てえなあ。でもなんか、ネットの画像見ただけで吐くくらいだし」

本物見たら死ぬかもなぁ、とR央くんはなぜか嬉しそうに言った。

本当に大切なこと

体験者の希望により何点かの脚色を加えていることを先にお断りしておく。

トウコさんの大学の同期生だったマコトさんは、占いがよく当たるというので学内ではちょっとした有名人だった。

マコトさんは自身の占いの方法や内容については徹底した秘密主義である。

そのために例えば、「一人につき一度限りしか占わない」、「占いはマンツーマンで行い、基本的に無関係の他人や見物目的の立ち会いを認めない」、「占いの場所や時間はすべてマコトさん側から指定する」といった、厳密なルールを設けて、占いを希望する依頼者にも必ずそれらを守らせていた。

マコトさんの元には、大学内外から常に複数件の占いの依頼があったが、その中からどの依頼人を占うかもマコトさん自身が決めた。

そして、これは最も奇妙なことと言えそうだが、マコトさんは占いの報酬のような形で金銭や物品を受け取ることは一切しなかった。

「それはお金のやり取りが面倒事に発展しやすいってこともあると思うんですけど……、なんて言うのかな……、マコトは、『依頼者に対して一方的に尽くしてあげてる』みたいな関係を好んでいたと思うんですよね。あ、善人ってことじゃなくて。恩を売る、じゃないけど……たぶん、いろんな使い道があるんですよね。負い目、って」

これらの秘密について事細かに教えてくれるトウコさんは、もちろんマコトさんの占いについてかなりの部分を知っているということだ。

なぜ知っているのかといえば、トウコさんはマコトさんの占いの場に何度か立ち会ったことがあるからだ。

先に「他人の立ち会いを認めない」というルールについて書いたばかりだが、トウコさんはこの例外だったわけである。

この理由について「マコトとは親友以上みたいな、そういう関係だったから」とだけ言うと、マコトさんの奇妙な占いについての話を始めた。

「マコトの占いはいろんな意味で特殊だったと思います。他の占いをあまり知らないけど、少なくとも、よくあるカードとか、ああいうのとは全然……。ていうか、本当にあれ、占いだったのかな」

トウコさんがマコトさんと特別な間柄になったきっかけは、高校の頃から興味があり自主的に学んでいた心理学だ。

ちょうど大学でも心理学系の講義があり、そこでマコトさんと席が偶然隣り合って会話をした。互いに相手が心理学について「話せる」同士だということが分かり、交流が始まった。

マコトさんの占いのことを知ったのは、それから半年以上してからのことだそうだ。

「学内で占いで有名な生徒がいる」とはなんとなく噂に聞いていたが、それがマコトさんのことであると気付かずにいたのだという。

そのときにはもうトウコさんはマコトさんとかなり親密になっていたので、占いの様子を見せてほしいと頼み込んだ。

マコトさんの知らない側面を知りたいという、純粋な好奇心だった。

「最初は例のルールで『一対一じゃなきゃ占いはやらないって決めてるから』の一点張りだったんですが、急に、今日ならいいよって。それから何度か見せてもらうことになるんですけど、占いの前に絶対言われるのが、『私の言葉の意味は考えちゃダメだから』って。『私はいろいろ質問するけど、トウコには訊いてないから。トウコは言葉の意味を考えない。いいね』って、念を押すんです」

こうしてトウコさんは、マコトさんが「セッション」と呼ぶ占いの場に何度か立ち会うことになる。

理由は後述するが、以下に記すのは、幾度か行われたそれら「セッション」の様子を繋ぎ合わせるようにして全体像を構成したものである。


トウコさん達の通う大学には、サークル棟が併設されている。

大学側から活動が認められたサークルにはサークル室が割り当てられるが、その仕組み上、常に空き部屋は発生してくる。

そうした空き部屋は、申請すれば学生が自由に利用できるようになっている。

マコトさんはこの空き部屋を用いて「セッション」を行った。

トウコさんが立ち会うたび、利用する部屋は変わっていたそうである。

どの空き部屋も、何脚かのパイプ椅子と長机という最低限の設備だけが備え付けられている。

トウコさんが立ち会うときはいつも準備を手伝った。占いの手伝いといっても、専門的なことは何もない。換気や冷暖房の気温調節など、当たり前のことである。

特殊なこととして、照明は部屋に備えられたものを用いず、マコトさんの私物らしい円筒形の小さなフロアライトを使う。

それにも意味があるのかと考えて理由を訊いてみると、「雰囲気がそれっぽいから。雰囲気大事」などと返されたそうだ。

椅子は備え付けのものをそのまま用いるが、長机は畳んで部屋の隅に片付ける。

マコトさんと依頼者の椅子は向き合う形で、トウコさんの席は部屋の隅になる。

照明のほかにマコトさんが持ち込むのが、折り畳み式の譜面台だ。これを胸の少し下程度の高さにセットして、依頼者側から見えないように大学ノートを広げる。


準備が済むとサークル棟の前で依頼者と待ち合わせる。

時間は大抵が昼過ぎ頃だ。サークル棟では講義のない生徒が時間を潰しているくらいのもので、最も静かな時間帯になる。

入室すると、微かに緊張の和らぐような香りが漂っている。フロアライトはアロマ機器としての機能も兼ねたものだったようだ。

カーテンは閉められており、室内は薄暗い。マコトさんの言う通り、雰囲気はかなりのものだ。

依頼者に椅子を勧めてからマコトさんも自身の椅子に腰を下ろす。

立ち会いの際、トウコさんはいつもいないもののように扱われるので、自分から部屋の隅の椅子に座る。

マコトさんは依頼者に例の「ルール」を手早く説明し、約束を守るよう念押ししてから、譜面台の上にノートを広げる。譜面台の側面のネジを何度か捻って高さと角度を細かく調節すると、ノートに挟まれたペンを取り、おもむろに最初の質問を投げかける。

「まずは名前から教えてもらっていいですか？」

依頼者が答えると、次のように続く。

「学籍番号は？」

答えると、

「もう一度いいですか？」

もう一度答えるのに対して、番号を復唱して、

「間違いないですね？　じゃあ……」

一呼吸置いて、
「番号、逆から言ってもらっていいですか？」
依頼者は必ず戸惑う。
マコトさんは少し笑って、質問を続ける。
誕生日は？　出身地は？　家族構成は？　趣味は？　特技は？
資格はありますか？　免許でもいいですよ。
今朝食べたものは何ですか？
先週の土曜日の朝は？
質問を重ねながら、ノートにかなりのスピードで何事かを書き記していく。
時折ノートに視線を落とすが、ほとんどの時間、目は依頼者の方に向けられている。
このあたりの流れはいつも同じだ。

「ノートの中身を見せてもらったこともあるんですけど、これが全然分かんないんですよね。記号とか表とか、いわゆるマインドマップみたいなものだったり、単語を羅列してたり。あと、速記ってありますよね？　ああいう感じのとか。たまに絵もありました。ラフですけど、依頼者の顔をスケッチしてるんです。一回の『セッション』でだいたい二十ページとか使って、それを書いていくんです」

占いのことをよく知らないトウコさんの目にも、マコトさんの占いはかなり特殊なものに見えた。

例えばマコトさんは依頼者側の「何に困っているのか、悩んでいるのか」、「何を占って欲しいのか」といった事情や要望の類を一切聞かないのだそうだ。ただ、無数の質問を重ねて、そこから炙り出すように依頼者の求める答えを導く。

そのように見えたという。

そこまでの話を聞いて、「コールド・リーディング」のことを思い出した。

超能力者や霊能力者を自称する人々が、相手の心を読むなどと言って用いる話術技法のことだ。

ここで詳しく触れることはしないが、大まかに言えば、会話や観察を通して相手の情報を掴み、まるで心を読んだかのように様々なことを言い当てる、というものである。

そのことを振ってみようかと思ったところで、トウコさんが言った。

「ちょっとコールド・リーディングっぽいですよね？　でも、ここからなんです。本題は」

マコトさんは依頼者に向けて、畳み掛けるように質問を重ねていく。

例えばこんな質問だ。

子どもの頃の夢は何ですか？

十年後は何の仕事をしてると思いますか？

座右の銘ってありますか？

お祖母ちゃんの名前は？

今まで行ったなかで一番遠い旅行先は？

今住んでる家で何か気になることありますか？

質問をしながらも、ノートの上でペンを走らせる手を止めない。

時に依頼者は口ごもるが、そんなとき、マコトさんは会話のテンポのほうを重視するように、答えを待たずに次の質問に移っていく。

この指何本に見えますか？　ここ何階ですか？　趣味聞いてもいいですか？　特技は？

虹で赤と緑の間は何色ですか？

物心ついて一番最初の記憶って何ですか？

ＵＦＯ信じますか？

本当ですか？

幽霊見たことありますよね？

いつですか？　どんな幽霊でしたか？


この段になって、先に述べておいた「幾つかの『セッション』の様子をつなぎ合わせて描写している理由」についてようやく触れることができる。

どういうことかというと、立ち会った複数の『セッション』において、トウコさんの記憶は細切れで前後関係も曖昧なものになってしまっているというのだ。

マコトさんの発する言葉を頭の中で追ううち、思考に靄がかかったようになって、眠気がやってくる。それでも、毎回必ず言われていた「言葉の意味を考えない」というマコトさんの台詞を思い出すと、なんとか意識を繋ぎとめることができる。

そうして記憶の中に残った断片を繋ぎ合わせたのが、ここで伺っているお話なのである。

「マコトの質問がだんだん変な内容になっていくんです。すごく抽象的だったり、オカルトっぽかったり……。それ聞いてるだけでもだんだん頭が重くなっちゃって、依頼者の人は大丈夫なのかなって。直接質問をぶつけられてるわけじゃないですか。それで見てみると、完全に目が閉じちゃってたり、頭ガクンってなってたり、何て言うか、〈落ちてる〉感じなんです。質問に答えようとするのか、口元が動いてるんですけど、あ、とか、う、とか、そんな感じなんです」

マコトさんの方に目をやると、ノートの上のペンの動きが単調なものに変化している。見ていて、ただ何重にも大きな円を描き続けているのだと気がついた。

マコトさんは、どうですか？　とか、何ですか？　とか、質問の形だけの無意味な言葉を相手の方へ投げかけている。

その中でふと、依頼者から視線を外して、トウコさんの方を見た。

作りかけの笑顔のような、優しげな表情だった。

そうして正面に視線を戻すと、依頼者の方へ質問した。

最後に一個教えて？

××さん、どうやって死ぬの？

マコトさんのそんな言葉に、部屋の隅で微睡《まどろ》んでいたトウコさんの意識もはっきりと呼び戻される。

××さん、と名前を呼びかけれらた依頼者は、数秒してからそれらしい「死因」をはっきりと答えるのだそうだ。

それからマコトさんは、続けて訊く。

それって、いつのこと？

ある人は、肺の腫瘍で八十歳くらいのとき、などと答えるし、また別のある人は、二十二年後に睡眠薬で自殺します、などと答える。

病気ならば、無意識に自分の身体や生活習慣に潜むリスクを把握しているのかもしれない。自殺ならば、自分の意思で決定するものだから知っているのだと、無理矢理に理屈付けることもできる。ただ、不可解なのは、事故を死因として挙げる人がいることだ。

バイクで、信号無視のトラックにぶつけられちゃって。三十五のときです。

もちろん、これらの言葉がその人の実際の死因を言い当てているのかなど、トウコさんには確認できない。

ただそれにしても、そんな言葉を引き出す仕組みも理由も分からない。

分からないが、マコトさんなら可能なことなのだろう、と、ただそう思えるそうだ。


そんな最後の質問が終わると、マコトさんは依頼者の両肩を掴んで顔を上げさせ、パチパチと顔の前で指を鳴らす。それから閉まっていたカーテンをゆっくりと開け、照明を消す。パン、パン、と二度手を叩く。

「はい、分かりました！　じゃあ……」と明るく言って、十分ほどかけて依頼者に様々なアドバイスをするのだそうだ。それで依頼者は満足げな顔で帰っていく。

正直怖かったが、何度かの『セッション』の立ち会いを経たあと、トウコさんはマコトさんに訊いてみた。

「あの、最後の質問さ。あれ、何？」

マコトさんは演技っぽく顎に手を当てて数秒黙ってから、トウコちゃんさ、とこちらに視線を戻して話し始めた。

「トウコちゃんさ。あの人たちは、悩みとか、知りたいことがあって、『セッション』に来るわけでしょ。みんな真剣だったよね。心から答えが欲しい、って感じの。そんなにも知りたいことって、その人にとって〈本当に大切なこと〉なんだよ。でも、自分にとっての〈本当に大切なこと〉が、他人から教えて貰わないと分からない……、なんてこと、あり得るのかな」

それと同じだよね。

トウコちゃん。

「〈本当に大切なこと〉はね。自分の〈一番大事な秘密〉は、人になんか訊かなくたって、みんな最初から知ってるんだよ」


それからもトウコさんはしばらくマコトさんと付き合いがあったが、マコトさんに対するもやついた感情は無視できないまでに膨らんでいった。

いつしかマコトさんと会うときは秘密で会話の内容を携帯電話に録音するようになった。

自分がマコトさんに抱いている感情が不安と恐怖なのだと、そのときに分かったそうだ。

それからマコトさんのことを避けるようになり、気付けば二人の関係は疎遠なものになっていたという。


そんなマコトさんは今どうしているのだろう。

そのことが気になったので、最後にトウコさんに質問しようと思った。

私が口を開きかけたところで、トウコさんが、

「マコト、今はプロの占い師やってるんですよ」

そう教えてくれた。

天袋

Eさんという男性の話。

十年ほど前、長い独り暮らしの中で四軒目に借りたアパートでのことだそうだ。

木造で築二十年といったところのその物件は、相場よりもだいぶ安い家賃で借りることができたという。

建物の外観には特に古いと感じさせるようなところはない。部屋はこれといった特徴のないフローリングのワンルームで、こちらも築年数から考えるとかなり手入れが行き届いているように思えた。家賃の安さを考えれば、良い物件を借りることができた。そう思ったそうだ。


暮らし始めて三ヶ月ほど経ったころ、部屋で漫画雑誌を読みながらくつろいでいると、天井のほうから聞き慣れない音がした。「カコン」とか「コトン」とか、そんなふうな音だ。周囲の部屋の生活音が時折壁を抜けてくることがあったので、それかと一瞬思ったが、それにしては近いところで音が鳴ったように感じられた。

音がした方向へ目を向けると、クローゼットがある。クローゼットの上部が天袋になっていて、音はそこからしたように思える。天袋には引っ越しのときから手を付けていない段ボールが何箱か収納してあるだけで、落ちて音を立てるようなものはない。

ただ、これまでも安物件を渡り歩いてきたEさんは、この手のことに鈍感になっていた。ネズミが出る部屋に住んでいたことすらあるのだ。その類なら今確認したところで何ができるわけでもないし、とその日は気にせず寝てしまった。

実際に天袋を確認したのは翌朝のことだ。

身支度のためにクローゼットを開けると、上部に設えられた天袋のほうも視界に入ってくる。

その真上の天井にぽっかりと四角い穴が空いているのが見えた。

また、天袋に並べてある未整理の段ボールに引っかかるように、四角いパネルが落ちている。

昨晩の音は、このパネルが落ちた音だったようだ。ネットで調べてみると、このような場所に天井裏の点検口が設けられていることがあると書いてある。

こういったところの建てつけが悪いのも安物件の理由だったりするのだろうか。

そう思いながらパネルを正しい位置に嵌め込み直して、ついでに引っ越しの際に使った養生テープで端を留めておいた。


ところがそれから二ヶ月ほどした頃、また音が鳴った。

しかも今度はパネルが落ちるような軽い音ではない。

ゴトゴト、ドン、という、何かの重量物が天井裏から転がり落ちてきたような音だ。

なんとなく嫌な感じがした。

このとき時間は深夜一時頃だったが、確認するのは翌朝になってからの方がいい、と直感が告げていた。

翌朝クローゼットを開けると再びパネルが落ちている。何かの負荷がかかったかのように養生テープも一緒に剥がれていた。時間が経って多少粘着力が落ちていたとしても、自然に剥がれるようなものでもない。

またパネルを嵌め直して、周囲を四角く囲むように養生テープも補強した。


そうこうしてその部屋で暮らし始めて一年程したあと、仕事で転居を伴う異動があり、引っ越すことになった。頻繁な異動のある仕事なので、慣れたことだった。

物件を引き払うとき、不動産会社の担当者と一緒に部屋の確認をすることになった。

あの点検口の養生テープを貼りっぱなしというのはまずいので、剥がしてから担当者を迎え入れた。

一緒に玄関から順に確認して、窓のシャッターの状態まで見たあと、最後に担当者があのクローゼットを開いた。

音などしなかったのに、点検口のパネルが外れていた。

天袋の段ボールも引っ越しで運び出したあとだったので、パネルはクローゼットの床に落ちている。

担当者はそれにちらと目をやってから、クローゼットの中に入って天井の点検口を見上げた。

しばらくそうしていたかと思うと、

「ああ……」

とだけ呟いて、クローゼットから出て後ろ手に扉を閉めた。

そのまま早足に玄関まで歩いていくと、

「お部屋のほうは特に問題ないようでしたので、最後に鍵だけお預かりします」

という。

Eさんは、この人はあの点検口について何かを知っているのかもしれないな、と思ったそうだ。

書類の記入などの事務手続きは先に不動産会社の店舗で済ませていたので、その日はその場で解散ということになった。


「その部屋については結局それきりなんですけど。ただ、そのときのことで引っかかっていることがあって」

Eさんが言う。

「最後に部屋を出るときに、中のほうから〈カラカラ〉って音が聞こえた気がしたんですよね。気のせいだといいんですけど」

いやね、あのクローゼットの戸を開け閉めする音が、ちょうどそんな感じだったもんで。

Eさんはそう言って話を終えた。

棺岩《ひつぎいわ》

「あると思ったんだよなあ」

I野いわく、こういうスポットには大抵ある、らしい。

「大自然の生み出す芸術ってやつだよな。これでこそ来た甲斐があるってなあ」

I野がそんなことを宣《のたま》いながら手の甲でカンカンと叩いた案内板には、男根岩、と書かれている。

「俺、記念に写真撮ってくるからさ。お前、ちょっと人来ないか見張っててよ」

そう言うが早いか、木の柵を乗り越えると、渓谷の底を流れる川へ向かって斜面を下っていった。

「まあ、そういう、いろんな意味で小学生のような奴で。自分としても気楽だったんで、一緒になって方々遊び歩いてたんですよ」

H丸さんとI野さんは学生時代からの友人で、お互い社会人になった今でもたまに一緒に遊びに行く。その遊び方も学生時代から大きく変わっていない。どちらかが車を出してもう片方を拾い、目的地も予定もほとんど決めずにドライブする。

互いにアウトドア趣味があるせいか、宿が決まらなければ車中泊でも野宿でも平気でしてしまう。しかしそのときは珍しく宿をとることになった。高速道路を適当なところで降りてからスマホで周囲の情報を調べてみると、格安の温泉宿が見つかったからだ。

この日はそれなりの温泉とそれなりの夕食を堪能し、酒盛りもそこそこに床に就いた。

翌朝のチェックアウトの際、フロントで「この辺で何か面白いところはないか」と尋ねてみると、車でしばらく行ったところの渓谷がなかなか見ものだという。

H丸さんもI野さんもこうした自然を味わうタイプのスポットが大好きなので、早速そこに行こうということになった。

場面は冒頭に戻る。

見張っていろ、とは言われたものの、そもそも人通りがほとんどない。今日も今まで誰ともすれ違っていないほどだ。

I野は登山の心得もあり沢登りもやるという野人のような男なので、事故で川に落ちることもないような気がする。

「男根岩」にも特に興味がなかったので、しばらく周囲を散策することにした。


九月のまだ暑い時期だったが、渓谷の風は爽やかだ。

高い岩壁に挟まれたような形で流れる川が大きな水音を立てている。

木々の緑がトンネルのように頭上を覆っていた。

自然歩道とその外側を区切る木の柵の上に、「男根岩」のそれと同じ調子でいくつも案内板が付けられている。

鉄板にペンキというものもあれば、木の板に文字を彫り込んだようなものもある。

「猫岩」とか「猿岩」とか描かれていて、矢印で方向が示されているのだが、その先にあるものを見ると少し首を傾げてしまう。

そう言われればそう見えなくもない、という感じだ。

ただ、それを抜きにしても、様々な形の巨岩が入り乱れる風景はそれだけで目を楽しませてくれる。

そうしてしばらく歩いていると、他のものよりもだいぶ古そうな案内板が目に入った。

柵に付いているわけではなく、倒れており、地面から突き出た岩に引っかかるような形になっている。かろうじて川の方へは落ちないような絶妙な角度だ。

表面の文字はかすれていて判読できない。

ひらがな三文字と、岩、という字であることだけは分かる。

その真下の川を眺めていると、確かにこれだろうという特徴的な岩があった。

高さは二メートル以上あろうか。立方体に近いが、川の上流側を向いた半分ほどは崩壊しており、賽の目状の破片が周囲に散らばっている。豆腐の半分が崩れたような形とも表現できるかもしれない。流されてきた岩にぶつかることでああなったのだろうか。

やはり何という岩なのか知りたくなって、倒れた案内板をもう一度睨んでみるが、読めそうにない。

と、

「あれは棺岩だよ」

後ろから突然声をかけられた。

驚いて、柵に貼りつくような姿勢で振り向いてしまった。

いつやって来たのか、甚平姿の小柄な老人がそこにいた。

「あれの、ことですよね？」

派手なリアクションをとったのが気恥ずかしかったので、分かりきったことを訊いてみる。

老人も眼下の岩に目をやって頷いているので、やはりそうなのだろう。

しかし棺岩とは不思議だなと思った。

どう見ても棺というふうには見えない。

今まで見てきた岩も大概だが、これは特に、どういう発想で棺ということになったのか分からない。そもそも、随分縁起の悪い名前を付けるものだなあと思う。

そんなことを考えていると、「棺岩」の下から川下側に向かって何かが揺れているのが見えた。黒く細長いそれは、何筋かの流れを作って川の中を漂っている。水草か何かだろうか。棺岩という名前を聞いたせいか、岩から血が流れ出ているような気味の悪い光景に思えた。

「しかし、どのあたりが棺なんですかね」

なんとなしに老人に訊いてみると、

「あんたにも、そのうち分かるよ」

と、よく分からないことを言う。


そうしてしばらく棺岩を眺めているうちにスマホにI野から連絡が来た。

今、男根岩に跨っているから写真を撮ってくれ、という。

まだやっていたのか。

やれやれと思いつつ、「では、僕はそろそろ行くので……」と一言挨拶しながら老人のほうを向いた。

いつの間にか、老人はいなくなっていた。


渓谷の周囲で軽い山登りなどもして一日楽しみ、二人の住む街へと帰る途中、高速道路でのことだ。

それまで快調に流れていたのが、突然渋滞になった。

視界の先に現れた電光掲示板の表示を見ると、「この先事故渋滞」との表示だ。

事故はH丸さんたちの車からそう遠くない位置で起きていたらしく、三十分ほど進むうちに現場の横に差しかかった。

二車線が事故の影響で通行できなくなっており、残る一車線を徐行気味に通過する。

そのときに、事故車両の様子がはっきりと見えてしまった。

トラック二台とワンボックスカーの事故だったようだ。トラックに挟まれるかたちになったワンボックスカーは、無残にも車体がプレスされてしまっている。白い車体の下まで血の海が広がっており、ワンボックスの搭乗者は助からなかっただろうことが容易に分かる。

運転席のH丸さんはそれを見て頭の隅に引っかかるものを感じたが、助手席のI野さんの言葉でそれが何なのかすぐに分かった。

「死ぬにしてもさ。嫌だよなあ、あんな棺桶は」

昼間に見た「棺岩」はあの潰れたワンボックスカーの形だったのだと、その一言で気付いたのだそうだ。

腐敗魚

海岸沿いのアパートに住むフリーターのテルマサさんは、休みの日の朝は浜辺をランニングする。

休みといってもカレンダーに縛られない仕事なので、平日の朝だ。ときおり犬を散歩させる高齢者とすれ違うくらいで、海岸にはほとんど人がいない。単調な景色や繰り返す波音が、無心にランニングに打ち込むのに最適な環境を作っている。

空の靄がかった九月のある朝のこと。

海から立ちのぼるような雲が朝陽の光を和らげており、走るには快適な日だったそうだ。

いつものコースを折り返し地点まで来たところで、少し先の波打ち際に奇妙なものが漂着しているのが見えた。

茶褐色のボロボロの塊で、はじめは丸太かと思ったが、どうも様子が違う。

近づいてみると、魚の死体のようだと分かった。

なかなか大きく、すぐ横に自分の足跡をつけて大きさを比べてみたところ、七十センチくらいはある。

体表の傷ついていない部分を見ると、一見うろこがなくなめらかで、普通の魚というよりはサメやイルカのそれに近いように思える。

興味を惹かれたテルマサさんは、それをもう少し詳しく観察してみることにした。


魚は見れば見るほどサメの類を思わせる姿で、普通の魚類のような薄べったい姿でなく、その体はどちらかと言えば円筒形をしている。

ヒレは皮膚の延長のように体から直接伸びており、頭部らしい部分の下にはスリット状のえらも見て取れる。

奇妙なのは、目が見当たらないことだ。全体的にかなり傷だらけなので、えぐれてしまったのだろうか。奇妙といえば頭全体の形状もそうで、サメの類だとすると妙に丸っこい。

口の中を見てみようと、そばに落ちていた枝を突っ込んでみる。

思ったより固く閉じているようで、枝を動かしても口が開かない。

と、急にえらがパクパクと動き、一瞬置いてから水が勢いよく噴き出した。

驚いたテルマサさんが、うおっ、と声を上げながら一歩後ずさると、同時に真横を人が通ったので、更に驚いて尻餅をついてしまった。

「すいませんね。はい、ごめんなさいね」

そう言いながら横を通ったのは、声の感じからすると、中高年の男性、おじさんのようだ。

ゴム長靴とゴム手袋を身に付け、半透明の雨合羽のような上着を着ている。フードが透けてグレーのキャップを被っているのが見える。

見た感じ漁業関係者を思わせる格好のそのおじさんが、魚の死体のそばにしゃがみ込む。ウウ、チクショウ、アア、クセ、などとボソボソ独り言を言いながら、魚の口に指を突っ込む。

そうして、釣り人が釣った魚を顎から持ち上げるような要領で、魚の死体を持ち上げた。

持ち上げるとき、さっきまで固く閉じていたように思えた魚の口が、緩んだように開いた。

その開く様子を見て、テルマサさんはギョッとしてしまった。

花が開くように肉が四方にベロリとめくれたのだ。

損傷の具合によってああいうことになるのだろうか？

ショッキングでグロテスクな光景だが、目が離せない。

おじさんが片手に丸めて持っていた半透明のビニール袋の口を開いた。

その中に魚の死体を片付けるようだ。

ところが、魚を持ち上げたところで、事態が意外な展開を見せる。

ミリリ、という音とともに、魚の腹から下の部分がちぎれて落ちてしまったのだ。

見た目以上に腐敗が進んでいたようだ。

テルマサさんは、チキショウ！　と声をあげたおじさんのリアクションに一瞬気を取られたが、落下してぶち撒けられた魚の腹の中身を見て、度肝を抜かれた。

青黒い色をしていたので、一瞬、石かと思った。

その石から、何か大きな金属が突き出ている。

そのように見えた。

ただ、すぐにそれが何なのかを脳がはっきりと認識した。

手だ。

ぎゅっと握りこぶしを作った、人間の手だ。

手首のところは引きちぎったかのように肉が崩れ、骨が覗いている。

大きさからすると女性か子供の手。

その手に、包丁が握られているのだ。

錆びて刃先が折れているが、刃幅があり、ナイフというよりは包丁だろうと思える。

そこまで理解した途端、何も考えられなくなるような恐怖が足元から這い上がってきた。

まるで意味が分からない。

そうして硬直しているテルマサさんの目の前で、おじさんが上着のポケットから新しいビニール袋を取り出す。

それを使ってその「包丁を握ったままの手」をグルグルと何重にもくるみ、先ほど開いていたビニール袋に乱暴に投げ込む。

ア〜ア、チャッチャッと、ア〜ハイ、などと節をつけて歌うように独り言を言いながら、魚の他の部分もビニール袋に投げ込んでいく。

最後に袋を軽く絞るように空気を抜いて、口を強く縛った。

そうして立ち上がると、へたり込んだままのテルマサさんのほうにチラリと視線を寄越した。

テルマサさんはまだ頭が働かないままだったが、よく分からぬまま辛うじて二、三度、おじさんに向かってコクコクと頷いた。

おじさんはそれを見て一言「ウン」と言うと、ビニール袋を片手に提げて防砂林のほうへ姿を消してしまった。

テルマサさんは今でも砂浜のランニングの習慣を続けているが、たまに魚の死体が漂着しているのを見つけても、決して近付かないようになったそうだ。

淵を覗く

私の体験の話から始めてみよう。


家族で旅行に行った伊豆で、不思議なものを見たことがある。

まだ私が七、八歳かそこらのときのことである。

夏休みで、観光地でもある当時の伊豆はとても賑わっていた記憶がある。

時間は午後八時過ぎだったかと思う。

地元のレストランで夕食をとってから旅館に帰る途中、コンビニに立ち寄った。

何の変哲もないコンビニで、店の表はガラス張りになっていて、明かりが漏れている。

その前方に駐車スペースが並び、店の裏手はちょっとした山というか、林のようになっている。

両親が飲み物や何かを買っている間、私と兄は店の外で待っていた。こういうとき、普段は車の中で待つことが多かったが、なぜかこのときは外に出されていた。そうして両親が戻ってくるまで、十分にも満たない間のことである。

コンビニの表のガラス窓におかしなものが貼りついているのに気がついた。

蛾である。

形は蝶に似たタイプで、大きく広げた翅《はね》が呼吸するようにわずかに揺れ動いている。

黄と茶の混じったような、枯葉を思わせる色。ところどころ破れたようにささくれ立った縁。中心の目玉模様がじっとこちらを見つめている。その翅の間に、細かな毛に覆われた平べったい腹が見える。

これだけなら、どこでも見られるような蛾である。

異様なのは大きさだ。これが、当時の私が両手を広げても足りないくらいの幅なのだ。一メートル以上か。

今思えば明らかにおかしいと思える。ただ、伊豆の南国めいた雰囲気や、昼間に行った観光施設の「シャボテン公園」で見た熱帯の動物や昆虫たちのイメージが頭にあって、「まぁこういうものもいるのだろう」と、当時の私はそう考えたようだ。

そうして両親が会計を終えてコンビニから出てくると、旅館に帰る道すがら「でっかい蝶（当時は蛾も蝶も一緒くたの認識だった）がいたんだよ」程度の話をして、その日は終わってしまった。

幼い頃の記憶違いというのはよくある話だから、これもそういうものかとも考えた。ただ、一緒にいた兄にこの話をすると「あー、いたねえ。あれ、何だったんだろうな」と言うから、私だけが見たものでもないようである。

こういう、「その場にいないはずの生物」を見る類の話、とりわけ、妖怪や未確認生物のようなものと違い、「なんとなく現実と地続きであると同時にどこかズレている生物」を見る話、というカテゴリがあるように思う。

私が得意としている山の話で例を挙げてみても、「絶滅動物のニホンオオカミを目撃する話」から「大蛇を見る話」まで、幅広く興味深い話を聞いている。

これからここで取り上げるのは、その中でもきわめて神秘的で、また私個人にとっても印象深い話だ。

同年代の女性のMさんから伺った話である。

Mさんは子供のころ神奈川に住んでいて、この体験は当時家族でキャンプに行った際の出来事とのことだ。

キャンプしたのは山中の谷を流れる川のへりで、日帰りだったから場所は関東圏内ではないかという。

よく晴れた夏の日だったが、場所のせいかそこまで暑さは感じなかったそうだ。

バーベキューの昼食が終わり、両親はアウトドアチェアに腰かけてひと休みをしている。だが元気のあり余ったMさんはまだ遊び足りない。妹を連れて少し川沿いを下ってみることにした。

キャンプしていた場所の周辺は開けた景色だったが、進んでいくと川はそうした河原と森の境目を縫うように伸びていた。

そんなところをしばらく歩くうち、川が大きくカーブしている箇所に行き当たった。

水流は太く勢いを増しており、両脇が削られて岩壁のようになっている。

ちょうど大きな壺のような形だ。

いわゆる「淵」である。

「壺」部分の大きさは、幅で四メートルとか五メートル程度あり、当時のMさんにはかなり巨大なものと感じられた。その壺に半分ふたをするように、反対側から伸びた大きな木が木陰を作っている。

水面は木漏れ日を岩壁に向けて複雑に反射し、光を編んだような美しい模様が描き出されていた。

緩く渦を巻く水は濃い青とエメラルドグリーンの混じったような不思議な色合いだ。澄んでいるが、底は見えない。浅くも深くも思えて、少しの怖さを感じる。

そんな光景に見とれて、妹と並んで岩の上に座り込み、しばらく淵を覗き込むように眺めていた。

ふと、緩やかに渦を描く流れが逆巻いたように見えた。

その直後に、大きな魚がゆらりと姿を現した。

淵の底のほうに横穴でもあったのか、「壺」の外周に沿うようにして、底側から水面側へ、弧を描きながら現れたのである。

魚が蛇のように長い体を悠然と揺らがせると、銀の鱗が陽光を映してきらきらと輝く。その姿はなんとも神々しい。

何か喋ったら魚が逃げてしまう気がして、Mさんも妹も息を呑むように黙り込んでいた。魚はこちらなどまるで気にしていないようにも見えるし、その一方でこちらを窺っているような雰囲気もある。

大きな目玉はどこを見ているのか分からないが、じっと見られているような緊張を感じたそうだ。

水面に顔を出すことはなく、Mさんはどこか画面越しにテレビの向こうを眺めているような非現実感も感じていた。

どれほどそうしていたのか、魚は特に前触れもなく、現れたときと同じく弧を描くように淵の底の方へと姿を消した。

静謐な空気がいつの間にか引くように消えて、ざあざあと葉の擦れ合う音や弾ける水音が急に大きく感じられる。

両親の元へ戻ると、「勝手にあまり遠くへ行っちゃだめだよ」とやんわりと注意された。

大分時間が経っていたような感覚があるが、そこまでのお咎めはなかった。先ほど見たものについてなんとなく親に喋ってはいけないように感じて、何も言わなかった。

それから帰るまで一時間ほど遊んだものの、そのあたりの記憶はなんとなくぼんやりしているのだという。


そのときの記憶はそこまでなのだが、この話には後日譚がある。

川でのことから二年ほどして、Mさんが小学校の最終学年の年のことである。

Mさんは女の子にしては珍しく図鑑が好きで、学校の図書室に置いてある図鑑を片っ端から読んでいた。

その日も両手に余るようなサイズの生物図鑑を抱えるようにして眺めていたそうである。

読み進むうち、それまでと違う暗い色合いの、どこかおどろおどろしいような雰囲気のページで目が留まった。深海魚について図解してあるページである。

そこにはあの日川の淵で見た魚そっくりの図が大きく描かれていた。

その下には、全長三メートルほど、ときには五メートルを超えることもある、という解説とともに、リュウグウノツカイ、とその名前が記されていたそうである。

話を聞くうち、無視できない直観のようなものがあって、最後にMさんにひとつ質問した。

「Mさん、もしかしてなんですけど、その一緒にいた妹さんと双子だったりしないですか」

すると、

「えと、そうですけど……。どうして分かったんですか」

という。

冒頭に私のエピソードを書いたが、私も兄とは一卵性の双子なのである。

花筐

ユリエさんのお祖母さんは、最期の数年間をユリエさんとその両親が住む家でともに過ごした。

夫、つまりユリエさんのお祖父さんが先に亡くなり、お祖母さんは足が悪いので、一人で暮らすのは難しいだろうとユリエさんの両親が声をかけたのだ。

家から出ることこそ殆どなくなっていたが、頭ははっきりしている。ユリエさんもお祖母さんとよく話をしたし、本を読んでいるところも頻繁に見た。

そんな様子だったので、亡くなったときは唐突に思えてとてもショックだったそうだ。

そのときの話をしてくれた。

夏休み中で、ユリエさんが家で留守番をしていたときのことだ。

宅急便で荷物が届いた。

白い段ボール箱で、受け取るとそれなりの重さがあり、取扱注意、天地無用など、幾つかのシールが貼られている。伝票の差出人の欄にあるのは知らない名前だ。漢字五文字だということは覚えているが、どう読むのか分からなかったし、男性か女性かも判断の付かないような名前だったという。

受取人のところには、お祖母さんの名前が入っている。品名欄には記入がない。

渡せば分かるだろうと思って、お祖母さんが普段過ごしている和室に持っていった。

お祖母さんは座椅子に座ってラジオを聴いていた。

「なんか、届いてたよ」

と荷物を床に置く。

「ユリちゃん、ありがとうねえ。……へえ、何だろうね」

お祖母さんは老眼鏡をかけ、荷物の伝票をしばらく眺めたあと、ぽつりと言う。

「ようやく、来たんだねえ」

その一言から、送り主はお祖母さんと親しい間柄の人なのかと思った。

お祖母さんが立ち上がろうとするので、慌てて制して戸棚からハサミを取ってくると、透明のテープの封を切った。

箱を開けると柔らかな香りがふわりと広がった。

白や黄色を中心に、色とりどりの花が収められている。

箱の横を切り開いてみると、花は黒い編み籠の上にまとめられているのが分かる。

「あら、とっても綺麗なお花じゃない」

お祖母さんがとても嬉しそうにしているので、

「この部屋に飾っとこっか」

と花籠を卓袱台の上に飾り付けた。


翌朝のことだ。

朝になってもお祖母さんがなかなか起きてこない。

足が悪いとはいっても家の中の移動は難なくできる。

普段も食事のときは自分で居間までやってきて、家族と一緒の食卓を囲んでいた。

「お祖母ちゃん、起きてこないねえ」

と母親が言って、祖母が寝起きしている和室のほうへ歩いていく。

三分、四分、と経っても戻ってこないので、ユリさんも様子を見にいった。

部屋の扉が開いている。

中へ入ると、お祖母さんが布団に横になっていて、その枕元に母親が座っている。

母親はお祖母さんの寝顔を見つめたまま、無言だ。

十秒なのか一分なのか、しばらく経ってやっとユリエさんがそこにいるのに気付いたかのように、ハッと顔を上げた。

ユリエさんの顔をじっと見つめてくる。

それから、適切な言葉や表情を探しているかのように、顔と口元を何度か動かして、また押し黙る。

それから結局視線をお祖母さんの方へ戻して、母親が言う。

「ユリちゃん。お祖母ちゃん、死んじゃったみたいよ……」

そのときに初めて部屋を満たす空気に意識がいった。

甘く濃密でくらくらするような、バラのような香りが部屋に満ちている。

昨日とぜんぜん違う香りだ、と思って、卓袱台の上の花籠に目がいく。

そこにぎっしりと詰められていたのは、もう香りを放つこともなさそうな、くすんだ色のドライフラワーだった。

葬儀の出棺のときに、棺に花を入れていくが、ユリエさんはこのときのことをよく覚えているそうだ。

「故人が生前最後に大切にしていたものなので、これも入れてあげてください」

そう言って母親があのドライフラワーの花籠を取り出した。

ユリエさんはそれまで、母親がそれを家から持ってきていたことも気がつかなかったし、亡くなる前日に届いたものを「大切にしていた」と表現するのにも違和感を感じた。

それにあの花籠が、お祖母さんが亡くなったあと家から追い出すように縁側に置かれていたのを知っている。

だから、それを手元に置いておきたくない母親がお祖母さんに持っていかせようとしている、そんな風に思えたのだという。

指切り

Ｔ樹さんの両親は、彼が十歳になるまえに離婚してしまった。

そんな両親については、ほとんど喧嘩している姿しか記憶に残っていないという。


離婚の一年ほど前から家庭内の状況は芳しくなかったそうだ。

仕事のせいなのか別の理由があるのか、父親が家にいるのは日曜日の夜だけだった。

その日曜日にしても帰りは遅く、Ｔ樹さんと母親は先に夕飯を食べてしまっている。

父親は帰宅してから一人ぶんの夕食を温め直して食べる。

そんな状態が続いていて、家族団欒などというものはなかったという。

そうして父親が一人で夕食をとっている間、Ｔ樹さんは自室にいるかお風呂に入っている。

この頃すでに、父親と顔を合わせることも言葉を交わすことも、ほとんどなかった。

きっかけは分からないが、いつからか両親が大喧嘩をするようになった。

T樹さん一家が住むのは決して広くない公営のマンションの一室だ。

子供部屋は両親の過ごすリビングとドアを隔てて隣り合っていたので、怒鳴り声や何かを投げる物音がほとんど直接聞こえてくる。

何を言い争っているのか幼いT樹さんには分からない。ただ、時折母親のヒステリックな声が自分の名前を叫ぶのが聞こえたので、自分もその一因なのかもしれないと思ったそうだ。

そのことも堪えたが、それ以上に辛かったのは、そんな母親に返す言葉の中で父親がT樹さんのことを「あれ」呼ばわりしていたことだ。幼い自分が親に人間としてでなくモノとして（それも恐らく「邪魔なモノ」として）見られていることを、T樹さんは壁越しに何度も突き付けられた。

とはいえT樹さんにとっては、子供部屋にいるときに喧嘩が始まるのならまだマシだった。

お風呂にいるときにそれが始まってしまうと、別の困った事態になる。

浴室やトイレは家の玄関からリビングへと続く廊下の途中にある。

そして先に触れたように、リビングと子供部屋は隣り合っている。

つまり、リビングを通らなければ子供部屋に戻れないわけである。

両親が激しく罵り合っているリビングを通ることなどとてもできない。

自分もとばっちりを受けるかもしれない。

そんなときT樹さんは、言うなれば「嵐が過ぎ去るまで」、玄関ドアの前でうずくまっていたそうだ。

リビングから可能な限り距離を取れるのがそこだった。

ただ、それとは別に、その場所がT樹さんの定位置になったもうひとつの理由がある。

玄関ドアは鍵がひとつのシンプルなものだ。

くすんだような地味な緑色をしており、特別装飾もない。

金属製の重い扉で、古いのでところどころ錆びて塗装が剥がれている。

T樹さんの背では届かない位置に、簡単なドアスコープとドアチェーンが付いている。

ドアポストは郵便物を受ける容れ物が取り付けられたタイプだ。

これも金属製で、ドアに直接溶接されている。

側面にスリット状の穴が空いていて、そこから郵便物を取り出せるようになっている。

このドアポストというのが、両親の喧嘩中にT樹さんがその場所にいた理由だった。


両親が喧嘩をするようになってすぐの頃、お風呂から上がったT樹さんは、パジャマ姿で玄関ドアに背を預けるようにしてしゃがみ込んでいた。

廊下の先からは、両親の今まで耳にしたことのないような罵声が聞こえてくる。

それらから意識を逸らしたいと思って、背にしたドアの向こう、マンションの通路のほうに、なんとなく意識の焦点を合わせるようにしていた。

元々部屋もまばらにしか埋まっていないような寂しいマンションだ。物音ひとつしない。

……と思っていた。

が、カリカリカリカリ、と背中越しの音を感じる。

誰かがドアを向こう側から撫でるか引っ掻くかしているような、そんな音だ。

両親の気を引かないようにと玄関の明かりは消していたので、自然と聴覚に意識が集中する。幽《かす》かな音が大きな存在感を持って聞こえてきた。

何度かその音がドアの向こうを上下に往復し、やがて止まった。

数秒してから、カタ、と別の音があった。

すぐに分かった。ドアポストが開いた音だ。

顔を横に向けるとすぐ近くにドアポストがあるが、灯りが点いていない上にポスト内は影になっているので、中の様子は窺えない。

ただ、何かが入ってきたのを感じる。

郵便物という感じではなく、もっと厚みも質量もあるものだ。

T樹さんは僅かに逡巡したが、結局ポストに手を突っ込んだ。


数秒も触っていると、それが何か分かった。

人間の手首だ。

大きさや感触から、大人の女性の手に思える。

枯れ木のように痩せて骨ばった手だ。

投函口のところでがくりと項垂れるような形で手首を折り曲げて、何者かがポストに手を捩《ね》じ込んでいる。

手は握りこぶしの形を作っていて、T樹さんが触れても反応はない。冷たい体温だけが返ってくる。

不思議と怖さは感じなかった。ただ同時に、不思議でもあった。

ポストは奥行き十センチあまりの薄型のもので、投函口も新聞が挟まる程度の厚みしかない。手首が折れてでもいなければ、こんな形で手を入れるのは不可能に思えたからだ。

疑問を覚えつつその手に触れていると、握りこぶしの小指だけが解かれて垂れ下がっているのに気がついた。

その小指に触れたT樹さんの胸にふいに奇妙な寂しさがやってきて、気付くと自分の小指と結んで指切りをしていた。

手は、弱々しくも指切りを返してくる。

相変わらず冷たい手だったが、その結ばれた箇所だけがほのかに温かく感じられる。

両親の言い争いが終わるまで、その手はずっと指切りをしていてくれた。

知らずのうちに微睡んでいたのか、気がつくとリビングの方は静かになっている。

いつの間にかあの手の感触は消えていた。手の中で雪が融けたような、不思議な余韻がある。

それからT樹さんは静かに子供部屋に戻って眠りに就いた。

それからも両親の喧嘩は続き、二人はみるみるうちに疲弊していった。

喧嘩のたびT樹さんは玄関に避難して、あの手と「指切り」をしながら、時間が過ぎるのを待った。

やがて離婚が成立してしまうとT樹さんは母親のほうと暮らすことになった。

だがその母親も、T樹さんが高校に上がる頃、彼を置いて姿を消した。

父と三人で暮らしていたとき、母親はどちらかというと自分を守ってくれたし、今まで迷惑もかけたので、このことで母を恨んだりはしなかった。

それからは母方の祖父母が面倒を見てくれることになった。

娘の行方が分からなくなったばかりだというのに、祖父母はT樹さんにとても良くしてくれた。

就職して自立した生活をするようになってから数年経った頃、マンションがあった場所を訪れてみたが、真新しい戸建ての住宅が建ち並んでおり、全く様子が変わってしまっていたそうだ。

百年後の未来

赤混じりの暗い照明の中、横並びになって遠くを見つめる動物たちの表情はどこか悲しげだ。

時間が止まっているかのように身動きもしないのは、動物たちが剥製だからだ。

寒々しい内装の部屋の中で、空調の音だけが通奏低音のように響いている。

手元に視線を落とすと大きな半透明のボードがある。

動物たちの名前と、西暦を表していると思しき四桁の数字が、リスト状に並んでいる。

初めは状況が分からず戸惑ったものの、イダさんはこの場所のことをすぐに思い出した。

入ったのは一度きりだが、とても恐ろしくて記憶の奥底に焼きついていたのだ。

目が覚めると、いつも過ごしている部屋がひとまわり小さくなったような妙な不安感に襲われた。

瞼の奥に赤い照明の色が残っているような錯覚を覚える。

この日から一ヶ月ほどの間に、その場所に関する夢を五回も見たという。


都市部から外れた立地ゆえと言うべきか、かなりの規模の博物館だったそうだ。

まだ少年の時分のイダさんもそこがとても好きで、毎年両親が連れていってくれるのをとても楽しみにしていた。

宙吊り状態でダイナミックにディスプレイされた巨大な化石から、地表に落下した隕石まで、展示の内容は実に幅広い。

そのどれもが絶えず好奇心をくすぐり、そこで過ごす時間はあっという間に過ぎた。

そんな楽しい博物館だが、イダさんが苦手で近付かない展示室がひとつだけあった。

絶滅動物を扱った展示室である。

ここは周囲から隔離された寂しげな一角で、場の空気も他の展示とはかなり異なったものになっている。

静まり返った薄暗い空間に、動物たちの物言わぬ剥製が並べられている。

あとになって知ったことだが、ここに展示されている動物たちの絶滅の理由は、ほぼすべてが人間によるものだ。

乱獲や外来種の持ち込み、開発によって生息域を奪われたことによる絶滅。

だからこの展示はいわば、「人間の取り返しのつかない大罪の記録」だ。

おどろおどろしい雰囲気だけでなく、そうした意味をイダさんも幼心に感じていたから、ここを恐れていたのかもしれない。

初めに訪れたときにそれと知らず入ってしまったが、その一度でトラウマ状態になり、それ以降はもう一切立ち寄らなくなった。


そんな幼い頃の記憶を辿る夢も五度目を数えたときのことだ。

「明晰夢」とでもいうのか、三度目あたりからは、夢の中で冷静に周囲を観察したり、意思を持って動けるようになっていた。

頭の片隅で、結局一度しか入っていないのによく記憶してるなあ、脳って不思議だな、などと考える余裕もあった。
そんな状態だったのでこの日はすぐに違和感に気付いた。
そもそも普段は展示室の中から夢が始まるが、今回は入り口の前に立っている。
通路の前には丸窓のついた扉があり、その先があの展示室だと直感的に分かる。
薄暗いために中の様子は窺えない。
妙に思いながら、重い扉に手をかける。
開けると中の空気がいつもより重い気がする。
粘っこいというのか、熱帯のような湿度を感じる空気だ。
照明も黒味がかったいつもより濃い赤色をしている。
剥製はいつも通りだが、なぜか突き刺さるような視線を感じた。
剥製の目が今にもこちらをぎょろりと睨みつけてくるような気がする。
展示の手前にあるプレートは埃と蜘蛛の巣にまみれ、表示が読み取れない。
やはり頭上から剥製の視線のようなものを感じて、顔を上げる。
そのときに妙なものが目に入った。
剥製の展示スペースの土台部分は荒野の地面を模しているが、その片隅に砂山がある。

今までの夢では見なかったものだ。

不思議に思い、近くに寄ってみる。

やはり砂山のように思える。ただ、周囲の地面と色合いが違う。赤い照明のために正確な色合いは分からないが、薄い灰色のように感じられる。

その山に埋もれるように展示プレートが一枚、突き刺さっている。

他の動物の剥製の足元にも設置してある、個々の動物の名前を表示したプレートと同じものに見える。

山から取り出してみると、黒地に白い文字が刻まれているのが読み取れた。

「百年後の未来」。

そう書いてある。


目が覚めると、異様に喉が渇いていた。

この日以来、あの展示室の夢を見ることはなくなった。

その年の盆に実家に帰ったときのことだ。

母親とテレビを見ていると、「子ども連れにおすすめのお出かけスポット」なる特集が始まった。

そこで、あの博物館が登場した。

まだやってたのか、懐かしいな、と思わず呟く。

独り言のつもりだったが、「あんた好きだったもんねえ」と母親が答える。

さらに続けて、こんなことを言う。

「あんた、最初に行ったときのこと憶えてる？　そのときねえ、怖い怖いって泣きながらお父さんに抱き着いてたんだから」

それを聞いてイダさんは固まってしまった。

あの展示室のことだと思ったからだ。

「いや、あれはさ、」

何を取り繕おうとしたのか、とっさに出た言葉に被せるように母親が言う。

「ほんと、びいびい泣いてたのよ。〈百年後の未来が怖かった、百年後の未来怖かったよ〉

なんて言って」

それでねえ、お父さんあとからその部屋に入ってったんだから。気になるって言って。分からん、百年後の未来ってどれのことかな、って出てきたよ。

ねえ、あのとき、あんた何見たの？

イダさんには「百年後の未来」が何なのか未だに分からない。

ひとつ思うのは、百年後には自分は遺灰になっている、という当たり前の事実を暗示しているのかもしれない、ということだ。

確かにそれを眼前に突きつけられるのは恐ろしいことかもしれない。

ただ、それとは別に何か、「絶滅動物の展示室」と絡んだ意味があって、そのことを見落としているという感覚がずっと消えないのだそうだ。

著者あとがき

本書の原稿を吟味するうち収録から外れた話に、こういうものがある。

ウナミさんは自宅の最寄り駅で何度か魔女を見たらしい。

魔女だ、と思った理由は、その人の格好だ。

いわゆる「とんがり帽子」にマント状の外套、足元は長いレザーのブーツ。もちろん全身黒ずくめだ。服の各所には金属製のチェーンやリングがアクセントとして踊っている。箒を持っていないのが残念に思えるくらい気合いの入った、全身「魔女」だ。

こうして書くと何やら滑稽な感じだが、ウナミさん曰く、その人はとても格好よかったらしい。海外モデルばりの長身、深い色をした黒髪。何より、そんな奇抜な魔女ルックで怖《お》じる様子も一切なく堂々と立っている、その精神性が格好いいと思えたという。不思議なのは、周囲の誰も魔女のことを気にかける様子がなかったことだ。ウナミさんはそんな魔女の姿を二年に一度ほど見て、三度目に目撃したとき、思い切って話しかけようとしたらしい。向かいのホームなので、急いで階段を上って行った。ところが魔女はどこにもいない。あんなに目立つ姿をしていたのに。

結局次の年に引っ越してしまったから、今もあの駅に魔女がいるのかは分からない。ただ、ウナミさんはそれからは「私も自分のしたい格好で生きよう」と思えて、オフのときは意匠を凝らしたゴスロリの格好で過ごしている。

たぶん一般的にはこの話は、「怪談」とは評されないはずだ。「怪異」の要素が極端に小さい。それに怖い話でもない。何より最後、主題が怪異から体験者の心の変化のほうにすり替わっているように見える。

ところが私はこの話がかなり好きだ。ああ、いい怪談だな、と思えるのだ。

体験談をお預かりする、なんて言ったりする。怪談作家というのを「怪の受け皿」と考えると、私の持った受け皿は、もしかしたら多少奇抜な形をしているかもしれない。

もし本書を読んで、この妙な受け皿に自分の体験談を盛り付けてほしい、と思う方がいらっしゃったら、何かの形でご連絡頂ければ幸いだ。

素材の味を存分に活かしつつ、誠心誠意調理させて頂きたいと思う。

鈴木　捧

実話怪談 花筐《はながたみ》

2020年10月5日　初版第1刷発行

著者　鈴木 捧

カバー　橋元浩明（sowhat.Inc）
発行人　後藤明信
発行所　株式会社　竹書房
〒102-0072　東京都千代田区飯田橋2-7-3
電話 03-3264-1576（代表）
電話 03-3234-6208（編集）
http://www.takeshobo.co.jp
印刷所　中央精版印刷株式会社

定価はカバーに表示しています。
落丁・乱丁本は当社までお問い合わせ下さい。

ISBN978-4-8019-2409-3 C0193